马修斯
儿童哲学
三部曲
I

Philosophy and the Young Child

哲学与幼童

（新版）

加雷斯・B. 马修斯 著
陈国容 译　蒋永宜 校译

生活·讀書·新知 三联书店

PHILOSOPHY AND THE YOUNG CHILD
by Gareth B. Matthews

Published by arrangement with Harvard University Press
Through Bardon-Chinese Media Agency

图书在版编目（CIP）数据

哲学与幼童：新版／（美）加雷斯 · B. 马修斯著；陈国容译；蒋永宜校译. —2 版. —北京：生活 · 读书 · 新知三联书店，2020.9（2023.3 重印）
（马修斯儿童哲学三部曲）
ISBN 978－7－108－06903－0

Ⅰ. ①哲…　Ⅱ. ①加… ②陈… ③蒋…　Ⅲ. ①儿童教育－教育哲学　Ⅳ. ① G61-02

中国版本图书馆 CIP 数据核字（2020）第 145650 号

责任编辑　胡群英
装帧设计　薛　宇
责任印制　卢　岳
出版发行　生活·讀書·新知 三联书店
（北京市东城区美术馆东街 22 号 100010）
网　　址　www.sdxjpc.com
图　　字　01-2019-6474
经　　销　新华书店
印　　刷　河北松源印刷有限公司
版　　次　2015 年 10 月北京第 1 版
2020 年 9 月北京第 2 版
2023 年 3 月北京第 3 次印刷
开　　本　880 毫米 × 1230 毫米　1/32　印张 5.75
字　　数　97 千字
印　　数　08,001－11,000 册
定　　价　39.00 元
（印装查询：01064002715；邮购查询：01084010542）

致玛丽

For Mary

目　录

为中文版写的序言

我还是个5岁的孩子时，和我的一个朋友一起挖地，我们自以为挖了个很深的洞，计划是要挖成一个游泳池。

我还能记得当时我们很好奇：要是我们继续不断地挖下去，我们将挖到哪里？

“你将挖到中国”，我被告知。我们一直挖就能直达中国这个念头引起了我的兴趣。

我确信当我童年时和朋友一起挖的洞实在并不很深——可能仅是一米，当然不可能超过两米，现在引起我兴趣的想法是什么？是我作为当年挖地时绝不可能做到的事，那就是我的关于儿童哲学思想的著作，将在中国出版。我希望这将有助于引起新的重视，如果不是为了发掘，至少是为了幼童的思想。

加雷斯·B·马修斯

于麻省阿默斯特

前　言

我在想着怎样教好大学生的哲学导论课时，开始对幼童的哲学思想发生了兴趣。许多学生对人与生俱来就会运用哲学这一观点似乎有抵触。为了解除他们的怀疑，我无意中想出了一种方法，向他们证明其实他们中许多人在孩提时代就已经在运用哲学了。作为一个大学哲学教师，我的职责就是引导学生重新进行他们曾经喜爱过的而且与生俱来的一种活动，不过这种活动后来为适应社会生活需要而放弃了。

一旦开始对儿童哲学思想进行深思苦索，我发现这个主题相当地吸引人。而且我还发现它也吸引了课堂内外的其他人。因此我开始阐述我的观点，从事一些非正规的研究和教学工作，并且搜集他人的反应和想法，涉及哲学家和非哲学家、家长、教师以及其他喜欢孩子的人。

在着手编写这本小册子时，我为许多友人的浓厚兴趣所鼓舞，特别是保罗·博斯利（Paul Bosley）、斯坦利·卡维尔（Stanley Cavell）、赫伯特·科尔（Herbert Kohl）、马修·李普曼（Mathew Lipman）、玛丽·马修斯（Mary Matthews）与威廉·温斯莱德（William Wenslade）。还要向为我提供许多幼童趣事的斯蒂芬·布朗（Stephen Brown）、约翰·库珀（John Cooper）、玛丽·费尔菲尔德（Mary Fairfield）、艾琳·科洛金斯基（Eilen Kologinsky）、简（Jane）、迈克尔·马丁（Michael Martin）、安迪·马丁尼兹（Andy Martinez）和约翰·罗比森（John Robison）等诸位谨致谢意。

本书部分内容，最初曾发表于下列书刊：戈弗雷·维西（Godfrey Vesey）编的《交流与理解》（*Communication and Understanding*, Sussex: Harvester Press, 1977），杂志《形而上学》（*Metaphilosophy*）第七卷（1976）和第十卷（1979），杂志《思维》（*Thinking*）第一卷（1979），马修·李普曼和玛格丽特·夏普（Margarete Sharp）编的《与哲学一起成长》（*Growing Up with Philosophy*, Philadelphia: Temple University Press, 1978）。感谢皇家哲学学院院长、《形而上学》的编辑、《思维》的编辑以及坦普尔大学出版社同意本书使用这些素材。还要感谢罗德里奇和基根保罗公司（Routledge & Kegan Paul Ltd.）

和人文出版社（Humanities Press, Inc.）允许从让·皮亚杰《儿童关于世界的概念》（*The Child's Conception of the World*）一书中摘引几段文字，并复印一幅插图；感谢罗德里奇和基根保罗公司、歇根书局（Schocken Books Inc.）允许引用苏珊·艾萨克斯（Susan Isaacs）所著的《幼童的智力发展》（*Intellectual Growth in Young Children*）一书中的材料。

加雷斯·B·马修斯

于麻省阿默斯特

一　困惑

Puzzlement

蒂姆（大约6岁）正忙着舔锅子时，问道：“爸爸，我们怎么能知道一切不是一场梦呢？”

毫无疑问，对蒂姆来说，他知道自己此刻正忙着在舔锅子，但如果是在做梦，想来，梦里大概也就是这样。真的舔锅子和在梦里舔锅子，差别在哪里呢？可能仅仅在于：如果是做梦，人要在醒来以后，才知道这不过是一场梦。

蒂姆醒着和在做梦真的有很大不同吗？如果是这样，这种不同是什么？难道是锅子舔起来的味道不一样好吗？[1]

我一直认为蒂姆的疑问是：“我怎么知道我现在是不是在做梦？”但其实不是这样，他的问题是：“我们怎么能确实知道这一切不是梦？”也就是说，我们怎么能确切知道我们一直是处于清醒状态呢？

假设一切都是梦，都是我的梦境，那么有可能在部分梦境中我是醒着的，而在部分梦境中我似乎睡着了。在我现在所认为的真实生活里，既有清醒的时刻，也有做梦的时刻，在一场终身长梦中，有时我似乎醒着，有时会有这样或那样的梦境，那么真实生活和终身长梦二者之间到底有什么差别呢?

蒂姆的困惑含有典型的哲理。他对一个极其平常的概念（清醒状态）提出了疑问。这样一来，我们大多数人也开始怀疑自己，是否对平时确信理解了的事物有真正的理解，疑心我们是否真正知道自己有时是清醒的，因而并非全部生活都只是一个梦。

困惑和好奇是紧密联系的。亚里士多德说过，哲学起源于好奇（载《形而上学》982b12）。伯特兰·罗素告诉我们，哲学“即使不能解答我们所希望解答的许多问题，至少有提出问题的能力，使我们增加对宇宙的兴趣，看到甚至在日常生活最平凡事物的表面现象下潜藏的新奇与值得怀疑之处”[②]。

亚里士多德还指出，哲学导源于困惑（载《形而上学》982b17-18）。维特根斯坦说：“哲学问题具有这样的形式：‘我不知道该怎么办。’”[③]

哲学上的困惑有时能够得到解决。人会学会去找到解决办法，或者推论出解决困难的方法。然而有时，至少在一个很长的时间内，困惑是得不到解决的。

乔丹（5岁）在一天晚上八点上床睡觉时问道：

“如果我八点钟睡觉，明天早上七点钟起床，我怎么断定时钟的短针只走了一圈呢？我是不是要整晚不睡，一直看着它呢？要是我望了望别处，哪怕是一小会儿，短针也可能走了两圈。”

乔丹的困惑，部分原因也许是由于他感到了一种不安，因为他没有充分的证据来证实一个常识性的结论：从一个给定的晚上到第二天早晨，时钟的短针走了一圈，而且只会走一圈。

通常，人们只是偶尔看一下时钟。但整个白天，乔丹时不时地就去看下他的钟，不过他吃饭、看电视、出去玩耍或者去学校上学的时候就没办法了。原则上，乔丹可以确确实实地花费一整天时间专心观察他的时钟，他可以要求把饭菜送进卧室，或者把时钟带到餐桌。采用这些方式，乔丹就可以让时钟一直置于他的严密监视之下。

乔丹最后得出的结论是：“要是我望了望别处，哪怕是一小会儿，短针也可能走了两圈。”这表明他的问题并不是靠不断补充证据（正如科学哲学家所言）就能得到解决的。而且，这也意味着，不管乔丹花费多少时间严密地注视着时钟，他仍然担心怎么才能将观察到的时刻合理地推论到未观察到的时刻。

观察到的状态和行动对于未曾观察到的状态和行动是否是一个可靠的指南呢？乔丹在幼儿园可能有位小同学，老师转过身去的时候就做鬼脸，老师转过身来时就不做了。我们怎么知道时钟不会像这位小朋友一样呢？我们能确定它们不会吗？如果以老师眼皮子底下乔丹和他同学的表现，来认定老师不在教室或者望向其他地方时他们的表现，这样的做法是相当不可靠的。同理，以假定来进行推论，这一方法也是相当幼稚的。

我不知道乔丹是否找到了解决他的困惑的方法。也许他找到了，也许他终于对此失去了兴趣。如果有一天，他修读了一门大学哲学课程，他会发现他的困惑包括在所谓“归纳法问题”的讨论之中。实质上，这个问题说的是我们能否证明，可以将观察到的例证作为未观察到的例证的指南，如果能够，是基于什么样的基础。乔丹会发现归纳法问题是他的老朋友了。当然，等到乔丹进入大学的时候，他可能已经忘了他曾经为未观察到时钟指针的一举一动而担忧的事了。

约翰·埃德加（4岁）经常看见飞机起飞、升空，在远方逐渐消失。一天，他首次坐上了飞机。等飞机停止上升，安全带信号灯熄灭时，约翰转过身向着他父亲，用一种松了口气但仍带着困惑的语气说：“这儿的东西并没有真的变小呀。”

哲学家和心理学家长期在讨论飞机逐渐消失在远方时，机身看起来是否会越来越小。我们也学会了解释为什么一个物体逐渐消失在太空中时，我们眼中的它越缩越小。或者我们对这种正远去或靠近的物体具有了充分的经验之后，知道飞机不过是向空中远去，就根本用不着去推理或解释了。

第一种观点从哲学上诠释了我们是怎样确立认识的，认为我们先通过本质上很难改变的感觉来收集资料，然后对潜伏于这些资料背后的事实作出推论。按照这种观点，我们之所以无法正确认识周边的世界，是因为我们的推论建基的是难以改变的、不容置疑的感知资料。

对这种观点持反对立场的人坚持认为，通过感觉、经验所接收的纯粹资料不可能孤立存在，它本身与我们对它所作的所有解释、根据它所作的所有推论是无法完全分开的。在他们看来，一旦我们对正在远去的物体有了经验，就知道物体远去时并没有缩小，只不过是远去而已。

在认识论中，这两种观点的争论是很重要的。感觉论者明显地支持以下看法，即在感知资料这一牢固基础之上，我们可以重建对周围世界的全部认识。另一种观点则认为基础主义（foundationalism）这种认识论观点是幼稚的并且是错误的。

约翰·埃德加的言论提示，他更容易接受几乎是更接近纯粹的“已知事实”，而不是感觉论的评论。此外，他富于哲学趣味的言论也表明他自己怀疑之前根据感觉所作的解释是错误的，现在正努力去作出另一种新的解释。

飞机起飞升空是不是真的缩小了？如果是真的，升入天空时，飞机上的乘客看起来怎么样？当然乘客也会缩小。他们看看自己和机舱内部，当时的处境和爱丽丝在奇境中发现自己并未缩小几乎没有什么两样。

> 不一会儿，她的眼光落在桌子底下放着的一只小玻璃盒上。她把它打开，在盒里找到一块小小的蛋糕，上面用葡萄干拼成两个美丽的字——“吃我”。“嗯，我要吃它，”爱丽丝说，“要是吃了能使我长大，我就能拿到钥匙；要是吃了能使我变得更小，我就能从门底下爬出去。所以不管怎么着，我反正能到花园里，变大变小我都不在乎。”
>
> 她吃了一点儿，就焦急地问自己：“朝哪一头变？朝哪一头变？”同时她用一只手按住头顶，看自己究竟正朝哪一头变。她发现自己仍旧和原来一样大，这使她非常惊奇。④

如果约翰·埃德加仅只是根据机舱里所见的现象来下结论，那么他的推想就和爱丽丝的一样发生了动摇。但毫无疑问，他不久后可能眺望窗外，看见飞机起飞的机场，看见那儿的人们和停在地面的飞机已经“缩小”了，正如他自己在地面看到飞机在远方“缩小”一样。对这些所见的深思可能让他开始区别现象与真实，并推论远去的物体即使实际大小不变，它们看上去似乎也在变小。

几年前，我在史密斯学院教授“哲学与幼童”这门课程时，和学生讨论了很多相关问题。其中一个学生试图将之试用于她5岁大的弟弟大卫。在春假里，她去看过大卫，并记录了两人的交谈。下面这段记录涉及大卫对于生命概念的困惑，相当具有启发性：

> 大卫担心苹果究竟是不是活着的。他断定苹果在地上时是活的，但带进了室内便不是活的了。

桌上的苹果是活的吗？这个问题使大卫感到困惑。如果是活的，那么我们吃的时候，便是在吃活的东西了，如果不是活的，那么它和仍挂在树上的苹果有什么两样？

解答生命问题的一个常用的方法，是列出一些“生命”

机能（消化、排泄、繁殖、运动），如果这些机能正常运行，就说这个有机体是活的。大卫头脑里似乎没有这类解决方法，他是怎样想的呢？

试拿鲜花来思考吧。当我们剪下玫瑰花，带进室内，插进盛水的花瓶时，我们说那是为了使玫瑰花活着（至少等到花瓣开始脱落，叶片干枯为止）。

我们不会把苹果养在水里，可能会放在阴凉的地方，不过我们不会说这是为了使苹果活着，也许只是说为了保持新鲜。那么，我们把苹果拿进室内的时候，是不是它就不再是活的了呢？

从树上落到地上的苹果是不是活的？也许大卫根据苹果的生命循环认为它是活着的。他可能知道苹果里含有种子和种子需要的营养成分。如果一只苹果掉在地上，种子可能最后会发芽并长出一棵苹果树，这棵小树会长成大树，然后自己也结出苹果。按照这种方式，苹果的生命循环不已。

也许有人会说，生命循环受到中断时死亡便到来了，例如树苗枯萎了就长不成一棵树，或者把苹果带进室内，种子就发不了芽。这种看法非常有趣，很有创意地回应了这个相沿久远的困惑。

我正给上床的8岁儿子约翰盖被的时候，他仰望着我，相当突然地问：“爸爸，我有两只眼睛，每只眼睛都能看见你，为什么我没有看见两个你呢？”

我怎么回答？

首先，我尽量确保自己理解使他感到困惑的到底是什么问题。

我指出：“你有两只耳朵，你对没有听到双重声音感到奇怪吗？”

约翰嘻嘻地笑出了声：“听到双重声音是什么意思？”

我说：“啊，比方我的——我的——声音——声音——像这个样子——像这个样子。”

他立即回答说：“可是两只耳朵是通往同一个方向的呀。”

我问道：“难道你的两只眼睛不是通往同一个方向的吗？”

他认真地思考起来，又嘻嘻地笑了。他表示不同意，说：“你只是向我提了另外一个问题，可我想的是我提的那个问题。”

太好了。我提出：“也许是因为你用左眼得到的影像和用右眼得到的影像并在一块儿的缘故。它们合到了一块儿，就成了一个影像。”

我们用两根手指做实验，一根手指靠近眼睛，另一根手指离远一些，我们试着一会儿注视这根手指，一会儿注视那根手指，目的是要看看当注视较近的一根手指时，什么情况下较远那根手指看起来成了两根，反过来，盯着远处的那根手指时，近处的手指什么时候也变成了两根。这个实验告诉我们，虽然两只眼睛的图像经常合二为一，但并非总是如此。

我的儿子仍然并不满足。他悉心钻研，自己继续去寻求解答。他在学校里了解了视觉、网膜视像的相关知识，这一复杂的视觉理论认为映入眼睛的影像是颠倒的，在投射于被试者之前需要再颠倒过来。无疑，他对为什么没出现双重影像的这一问题操尽了心。

我向他建议了几种简化他的理论的方法，但他不肯接受。

他说："对这个问题我还得动脑筋，等我找到了答案再和你谈。"

约翰的问题——"我有两只眼睛，为什么我没有看见两个你？"融合了光学、神经生理学、心理学和哲学。我发现约翰在学校里看过一个电视节目，内容是一个小人爬进一个人的眼睛里，凝视着网膜视像。自从 17 世纪初发现网膜视像以来，人们曾感到奇怪，为什么我们看东西不是颠倒的，毕竟网膜视像最后把所看到的东西倒置了。这里包含着一个很少有人提起的假设，即真正在看的实际是网膜视像。

约翰坚决认为他的问题并不是学校里看电视节目带来

的，在他看节目之前，问题早已有了。他当然愿意并且能够理解网膜视像在之后的视觉过程中再被颠倒。他说，他的问题是要弄清楚两只眼睛所得到的影像怎么能合并在一起。

中世纪的视觉学者如海桑（Alhazen）与罗杰·培根（Roger Bacon）提出假设，认为从每只眼睛来的影像通过视神经传导到两束神经的视交叉处，两个影像就合二为一了。正是基于对两只眼睛各自接受影像，而我们却没有看见双像的悬揣，产生了上述理论。这是对约翰的难题的一个解答。⑤

约翰内斯·开普勒（Johannes Kepler）在他的杰出著作《对维泰洛的补充：给出天文学的光学部分》（*Paralipomena ad Vitellionem*）一书中，激烈反对中世纪对视觉的解说，他认为这在光学上是不可能的。他解释说，光并不是按照中世纪的理论所要求的方式那样表现的。开普勒在阐明视觉的光学方面取得了巨大进展，但他为此付出了很高的代价。他放弃了一切其他抱负，为的是要阐明在视网膜上成像之后，究竟如何引起人们真实地看见了物体。

约翰想要解释的是，假设我们在前方设法投射一些视觉影像，我们怎样能够看见。如果我们认为影像是按类似银幕上的映像这种方式投射的，即等于没有解释什么，因为我们所要知道的是投射的影像怎么被看见。难道这里不是需要视觉吗？而这正是我们首先要解释的问题。然而，如果我们认为前方投射的就是视觉，那么可能会需要一个进一步的解释。不过，这种解释不会有什么用处，除非我们能把这里所用的投射这个概念弄得很清楚。

约翰的困惑是个假问题吗？假定它是，那么约翰有朝一日充分弄懂了视觉的光学、神经生理学与心理学，他将不再为我们为什么不能看见双重影像而感到困惑。如果那一天到来了，他可能想知道自己为什么会一度错误地认为那是一个真正的问题。我希望他能如此。试图说出自己一度感到困惑的问题实际上不过曾是一个假问题，这本身常常是一桩艰难的哲学工作。但它是能够得到报偿的。

① 奥古斯丁（Augustine）看来曾经这样想过；参见他的《驳学院派》（*Contra Academicos, Against the Academicians*）3.11.26。

② Bertrand Russell, *The Problems of Philosophy* (New York:Oxford University Press,1959). p.16. 亦可参见伯特兰·罗素著，何兆武译：《哲学问题》，商务印书馆 2007 年版，第一章，第 9 页。与本文译笔略有差异。

③ Ludwig Wittgenstein, *Philosophical Investigations* (Oxford: Basil Blackwell,1967),No.23, p.49.亦可参见维特根斯坦著，韩林合译：《哲学研究》，商务印书馆2013年版，第90页。与本文译笔略有差异。

④ Lewis Carroll, *Alice's Adventures in Wonderland & Through the Looking-Glass*(New

York:New American Library,1960),p.23. 亦可参见刘易斯·卡罗尔所著《爱丽丝漫游奇境》（也有的译为《爱丽丝梦游仙境》）和《爱丽丝镜中奇遇记》，有数个中文译本可供参考。

⑤ See Gareth Matthews, "A Medieval Theory of Vision," in *Studies in Perception*, ed. P. K. Machamer and R. G. Turnbull (Columbus: Ohio State University Press, 1978), pp.186–199.

二　游戏

Play

哲学可能真的是由困惑所激发而产生的。但要说明这一点，并仅仅停留在这一点上的话，就会十分错误地认为哲学必然是非常严肃的东西。事实上，哲学常常是游戏，概念的游戏。

在我教的“哲学与幼童”课程里，我要求我的学生要做一定次数的“实验”。他们要给幼童读一篇故事，然后以非常轻松的方式，和幼童讨论从这故事中能够联想起的哲学论点。前面我们提到过那个对苹果是否活着感到困惑的大卫，他的姐姐在史密斯学院校园里向6—7岁的孩子读了米尔恩（A. A. Milne）所著《小熊维尼》（*Winnie—the—Pooh*）一书的部分内容。她想出一个行之有效的方法，就是留意故事中引起孩子们发笑的每一个地方，然后再回到这些重点上向孩子们提问。

有一段故事引起了孩子们的大笑，内容讲的是小猪皮杰的祖父说他有两个名字，为的是“防丢掉一个”[①]。我的学生问孩子们，如果他们也有两个名字，多取一个的原因是不是也怕弄丢。

“不，你不可能弄丢自己的名字。”除了亚当，每个孩子都这么说。

“如果你把名字忘了，怎么办呢？”亚当问。他想到名字要是弄丢了，那可能就是忘记了。

“就算是这样，”詹尼弗回答说，显然对于亚当的想法感到很生气，“那你也可以问问你的兄弟嘛！”

亚当不以为然。“可要是他也忘了，怎么办呢？”亚当淘气地坚持着。

“那么，好吧……”詹尼弗的反应是陷入了沉思。

在她的笔记本里，我的这个学生评论道：“这个幼童（亚当）的思想进入了游戏的可能性领域——儿童哲学，看来他对自己的提问感到莫大的欢快。”

苏珊·艾萨克斯（Susan Isaacs）的著作《幼童的智力发展》（*Intellectual Growth in Young Children*）里，收入了许许多多概念游戏的例证。书中有一段写丹尼斯正在反复思考所谓“在前”与“在后”的相对性。

> 丹尼斯（4岁6个月）向詹姆斯解释说：“一种东西可能在前面同时又是在后面。”他父亲无意中听到了，问道：“怎么？你说的是什么意思？”……他们正

好靠近一张桌子站着，丹尼斯说："嗯。比如我们绕着这张桌子转，一会儿你在前面，我在后面，一会儿我在前面，你在后面。"②

假定丹尼斯和詹姆斯围着桌子互相追赶，丹尼斯站在桌子边上时针指着三点的位置，而詹姆斯站在时针指向九点的位置，他们要是顺时针转圈的话，以十二点钟的位置为终点，那么詹姆斯是在前，丹尼斯是在后。要是把六点钟的位置设作终点，那么丹尼斯就是在前，詹姆斯则是在后了。关于儿子，丹尼斯的父亲得出这样的结论："他的姿态清楚地表明，虽然他不能十分明确地系统表达他的理解，但他的意思是在一个圆周上，从他出发的一点算起，在前与在后是相对的。"③

然而，丹尼斯的想法可能有点不同。假定丹尼斯和詹姆斯正围着桌子彼此追逐，他们是敌对双方，都试图抓住对方。就丹尼斯来看，他在后面，詹姆斯在前面。可是从詹姆斯来看，丹尼斯却是在他前面。反过来，要是丹尼斯想抓住詹姆斯，那他就在后面，假使他要从詹姆斯那里逃跑，那么他就在前面了。

虽然解决相对性的疑难肯定在柏拉图思想中占有重要地位，但亚里士多德才是第一个认真研究相对关系逻辑学的人（《范畴篇》，第七章）。[④]19 世纪和 20 世纪逻辑学的发展已使我们能够更好地理解相对关系带来的困惑，但这并不会减少我们以游戏的方式探索疑难所带来的乐趣。

八个月前，丹尼斯就反映出对另一重大的逻辑和形而上学事件的兴趣：

> 在下午茶时，丹尼斯（3 岁 10 个月）说："面包上已经涂了黄油，是不是？要是我们不想要涂黄油的面包已是不可能的了，对吗？——除非我们用刀子把黄油刮掉……要是我们要的是没有黄油的面包，又不愿用刀把黄油刮掉，我们就只能吃有黄油的面包了，是不是？"[⑤]

虽然丹尼斯正在探索可能性和必要性，这是逻辑学之分支"形式逻辑"的重要形式概念，但上面的幼童趣事称之为哲学前期也许比称作哲学更合适。这并没有真正形成一个哲学的问题，更不必设法去解决。不过它的确把这种游戏和孕育哲学的概念结合起来了。

读了丹尼斯在 3 岁 10 个月时反复思考黄油涂面包的可能性和必要性故事之后，我们就不会对他 6 岁时能说出一些更明确的含有哲理性的话感到惊讶了。

> 早餐时全家进行了一场关于上学“早”和“迟”的问题的讨论，父亲詹姆斯对儿子母亲抱怨“大惊小怪的人们制订出关于早起等等的东西”。儿子丹尼斯（6岁1个月）慢条斯理但不无敏锐地说：“早和迟都不是东西，他们不像桌子、椅子和杯子一类——你能摸到的东西！”⑥

丹尼斯对“像桌子、椅子和杯子一类——你能摸到的东西”的观念，看来就是许多哲学家称谓的物质或物体的概念。桌子、椅子和杯子都是物体，早和迟却不是。

当然，詹姆斯所表达的“东西”并不是指“实物”。丹尼斯肯定知道这一点。但他装作不知道，他这样做可以开个小小的玩笑，提出有趣的概念性和哲学性的问题。

这种文字形式的故意曲解是一种文字游戏，修辞学家们经常称之为“歧解双关”（Asteismus）。莎士比亚的《爱的徒劳》（*Love's Labour Lost*）第二场第一幕是个很好的例子：

> 朗格维：……我想要她的名字。

鲍盖：她只有一个名字，你不能问她要。

从当代剧作家汤姆·斯托帕德（Tom Stoppard）那里可以找到另一个“文字游戏”的例子，其哲理性甚至更为明显：

罗森克兰茨：我们还是死了好些，你是否以为死了就像在船上一样吗？

吉尔登斯特恩：不，不，不……死不是与在船上一样，你理解我的意思吗？死是绝对的否定，是不存在。你在船上可还是存在的。

罗森克兰茨：我在船上就感觉不存在了。

吉尔登斯特恩：不，不，不，——你感觉不存在，不是因为在船上。⑦

吉尔登斯特恩从罗森克兰茨那里得到了艺术的箴言——“我在船上，就感觉不存在了”，并且错误理解成一个关于不存在的宣称，认为好像说的是船上并不存在人一样。这种文字游戏引起了对不存在这一哲学观念的兴趣。

歧解双关是哲学家所特有的文字游戏。这种游戏是不会引起很大惊讶的。因为这种对文字形式的误解常常有助于阐明他们所表达的词意和概念的逻辑属性。

丹尼斯对“东西”一词所开的玩笑是一个有力的论证。我们有时运用“东西”来表示“物质或物体”，因此我们坚持认为，杯子可以当作一样“东西”，杯子的形状却不能称为“东西”，颜色也不是。不过平时我们运用很随便，不管什么，我们信口而出，认为它是“东西”。因为我们要谈到形状和色彩（如“杯子的形状很讨人喜欢，但颜色不行”），我们能够很正确地说出这“东西”具体是什么样子的。

丹尼斯的话可以有几种解释。第一种，他否认“早”和“迟”是“东西”，简单地把桌子、椅子和杯子等作为例子，称之为“东西”。另一种解释是他先说它们不是“东西”，然后改变看法，证明他宣称的“早”和“迟”并不是那种“摸得到”的东西，可能是属于亚里士多德所指称的“本体”范畴（某些物理属性可能是主要例子）。

其他类型或其他范畴的“东西”是否真正全是“东西”？例如质量、时间、地点、事件、心理状态，“东西”之间的相互关系是真正的“东西”吗？当写到自己年轻时偷梨子的事情时，奥古斯丁（Augustine）抓住了那个令人困惑的难题：

> 我在这个事件中只爱偷窃不爱其他。虽然我不能真正地讲出我所爱的是一件“东西”，这不过更显出我

的可怜，因为……那么我还很乐意和这些同伴狼狈为奸？假使是这样，那我除了爱“偷窃”之外，我还别有所爱，但我也不能称其为别的东西，因为与偷窃一样，友谊也不算是“东西”。（奥古斯丁《忏悔录》2.8，译自 R.S. Pine - Coffin）

听了丹尼斯的戏言可能有人要给“东西的性质”下明确定义，阐释“东西”一词的含混不清之处，或者按亚里士多德的方法，创立一个关于各类“东西”分类的学说。不过并不需要这样，他所说的话本身就是十分有趣的带游戏性的哲学论述。

艾萨克斯的书中另一个不好应付的人物是厄休拉。

厄休拉（3 岁 4 个月）说：“我肚子痛。”母亲说：“你躺下睡着了，痛就会消失的。”厄休拉问：“痛会上哪儿去呢？”⑧

我无法证明厄休拉在问“痛会上哪儿去呢”时，是不是眨眨眼扮了鬼脸。她也许真的为此感到困惑，甚至有些担心。（“会不会跑到壁橱里去？”“它会跑到我床下去吗？”“假如它跑到壁橱里，会不会等我睡着时再跑出来？”）当然，像这种事，儿童是会担心的。不过因为在艾萨克斯的书中，这个典型的事例是把厄休拉写成快乐、自信、好奇和顽皮的孩子，我疑心这个提问是游戏式的问题。

问题提得很别致，它是在逗引人们去思考疼痛的消失，或者更确切地说，是在逗引人们思考事物消失的各种情况。我们可以列举许多消失的事物，如奶奶、厄休拉的狗、厄休拉衣服上的污点、一个水坑、厄休拉三轮车发出的吱嘎声。

奶奶和厄休拉的狗因为去了别处而不见了。后来奶奶回到家里，狗回到门外。两者都可能从他们去的地方重新回来。当然，要是厄休拉的奶奶和她的狗“死了”的话，厄休拉会被告知她奶奶和狗都“去了”。如果孩子问：“去了什么地方？”她也许被告知去了“天上”。不过在那种情况下，她可能被告知说，他们再也不会回到我们所在的地方了。

一个水坑会不会跑到另一个地方去？不会有这种事。水会蒸发到天空，而水坑是不可能移到天空中去的。

厄休拉衣服上的一个污点，可能是早餐时吃果酱才沾上的。衣服经过洗涤，污点就不见了。不管怎样，污点不会跑到了别的什么地方。是不是跑掉了部分呢？大概是统统不见了。

其中最有趣的，我想是厄休拉三轮车发出的吱嘎声。轮子加了油，吱嘎声就消失了。当然这不是跑到什么别的地方去了，但是也可能又会回来。如果车轮在一场暴雨中又一次受了潮，这吱嘎声（像以前那样的声音）又可能回来了。它并不是从什么躲着的地方回来的，而是说这车轮在同一情况下同一地方又响起了吱嘎声。

在各种不同的消失中，吱嘎声可能最像疼痛，当然吱嘎声和疼痛是大不相同的。但巧的是车轮停止转动，吱嘎声就消失；肚子不再作怪，痛楚也就消失了。虽然两者都可能回来，但却不是从另外一个地方回来的。

厄休拉提出的“痛会上哪儿去呢”的问题是进行哲学思考的一份请帖。至于人们是否愿意接受邀请，当然悉听尊便。此外，人们即使不从事思考，也会对问题本身的游戏性质感兴趣。

厄休拉（3岁5个月）时常不断地对各种事物提出可笑的设想：“那可能是这样用的，对吗？”当她母亲说“对，不过——”时，她常常坚持说：“不过它是可能的，不是吗？”⑨

可惜，艾萨克斯没有提供实例，因此我只能根据厄休拉的性情而虚构如下情节：

> 孩子：那（指桌子）可能是摆着让人坐的，对吗？
> 大人：对，不过这实际是摆着让人写作用的。
> 孩子：不过让人坐也是可能的，不是吗？

> 孩子：那（指吊袜带）可能是用来绑瓶盖的，对吗？
> 大人：对，不过它实际是用来吊袜子的。
> 孩子：不过用来绑瓶盖也是可能的，不是吗？

这个游戏相当富有哲学趣味。长期浸润于柏拉图和亚里士多德哲学的人会自然有一种倾向，即总是根据一件事物的实际用途，或者其可能的用途，来理解事物的性质。尤其当面对的事物是我们上面讨论的人工制品时，这种倾向看起来最为合理。

举例说，我汽车的前座中间有个样子古怪的小隔间。小隔间本身有一个式样古怪的盖子，看来它是为了某种用途而设计的，虽然我想象不出那是为了什么。我不知道这个小隔间是什么，不知道它的盖子是什么，这其实与不知道它是为何用途而设计的是一回事。

人一旦习惯将自然界中各种事物的性质和其可能具有的用途相联系，犹疑就产生了。我们可能同意眼睛是为了看的，静脉血管是为了使血液流回心脏的。但喉咙的存在是否就是为了讲话？鼻子的存在是否就是为了架眼镜？蜜蜂是否就是为了传授花粉？树木是否就是为了遮阴或者防止水土流失？河流是否就是为了汇聚陆地上多余的水量并将之引导入海（海水经过蒸发形成雨水，雨水降落地面又会汇流成河，开始新一轮的水循环）？

要从事物诸多的用途中说出哪一种最合适和其原因，是个很有难度的哲学任务，也是一直令人感兴趣的一件事。相比之下，厄休拉的小游戏要更为有难度和更有趣些。也许厄休拉知道自己提出的几种假定的用途是相当牵强附会的，但她坚持说："那可能是这样用的，对吗？"她认为我们所说事物的用途是不明确的，甚至只是常见的一两种。要是事物的用途果真如此，那么事物的性质也可能就是这样。这些想法令有些人觉得有趣，而有些人则感到烦扰。厄休拉的游戏无疑吸引着我们去接受它。

还有一个例子，对探讨运用哲学进行游戏的想法是有用的。假如我试图和我 8 岁的儿子玩哲学游戏，提到了一个不言而喻的常识："你不可能同时在两个地方。"假定他的回答竟是这样："不对，你当然可能。同一时间你能既在卧室里，又在房屋里。"我用一种既傲慢又不耐烦的口气反驳道："不过我不是这个意思！"他咧着嘴，淘气地询问："那你的意思是什么呢？"

这个游戏试图要理解这个不言而喻的常识，证明它是正确的。假使我说："我的意思是指两个地方，不是指一处在另一处的里面。"他可能说："好吧，那么卧室不是在走廊里，走廊也不是在卧室里，但是你能将一只脚踩在卧室里，另一只脚踩在走廊里，那你就是同一时间在两个地方。"然后我可能回答："拜托，我的意思是完完全全地在两个不相重叠的地方。"

这时我们可能为了列举地点而烦恼，比如说厨房和早餐角落就存在部分重叠，或者约翰可能以一种特殊的方式使用"在内"一词提出相反的例子，比如说，总统在电视上讲话，人们可以说他是**在**全美国的数不清的家庭**内**。

另一个反例可能着重强调地理上的特殊情况。我在卡尔加里大学（University of Calgary）教"哲学与幼童"一课时，我的一个学生提到加拿大劳埃德明斯特镇（Lloydminster）的一件趣事。劳埃德明斯特镇正好位于亚伯达省（Alberta）与萨斯喀彻温省（Saskatchewan）的交界处。假使我住在劳埃德明斯特，能不能说我同时在两个省呢？要回答这个问题，必须知道，从总的来看，究竟劳埃德明斯特是整个在这两个省份，还是两省的交界线经过这个镇。我知道应是后一种情况。当然也可能不是那样。假使用“你不可能同时在两个地方”这样的常识来驳斥所有可以想象到的反例，最后的解释必须是这样：这个常识要能包含这种可能性，即这个镇整体上既处在亚伯达省又处在萨斯喀彻温省。

我们成人在和孩子讲话的时候，最好谈些能引发他们提问的内容，或者是值得争议的话题。然而我们成人却常常回避孩子提出的问题，不耐烦地以“哼，你懂我讲的是什么意思吗？”等粗暴回答回应他们。多么吓人，多么不公正，怎么能是这样冷淡而又不耐烦的反应！如果我们能静下来认真而诚恳地思考的话，可能会清楚地看到：我们本以为已经说清楚的事情，其实根本不能让孩子明白。

这种试图了解一个人不假思索说出的话是什么意思，或者可能表示什么意思，应该表示什么意思的玩法，即是十分有趣的哲学游戏，它能令人有所启发。通过游戏，话语中内含的逻辑，形而上学的空间，甚至加拿大的地理知识也会变得清楚一点。经常拒绝与孩子玩这种游戏的家长和教师会使自己智力贫乏，与儿童的关系疏远，并且使儿童独立的知识探究精神受到打击。

艾萨克斯的《幼童的智力发展》一书所引用的另一件孩童趣事，似乎可以为本章做一个确切的结论。我们看到孩子丹恩引用了经典的宇宙无源论观点。这种精神劲儿极好地体现在下面这最后一段有趣且深刻的笑话中。

吃午饭时，孩子们谈论起了“宇宙起源”的问题：丹恩（6岁1个月）坚持说，不论你是怎样设想“开端”，“开端”之前必定还有某种东西。他说：“你可以说，起先是一块大石头，万物都是从它而来，——不过（特别加重语气）**石头是从哪儿来的呢**？”——对这个问题，有两到三种不同意见。然后简（11岁），有着广博的知识积累，说：“我见书上曾说到地球是太阳的一片，而月亮是地球的一片。”丹恩用一种急于猛击她的错误的神气说：“啊！那么太阳是哪里来的？”汤米（5岁4个月）一直非常安静地听着他们的讲话，现在带着平静的微笑说：“我知道太阳是哪里来的！”其他的人都急切地问：“汤米，说真的，是从什么地方？告诉我们吧！”他笑得更厉害了，对怀着极大兴趣的那几个人说：“不能告诉你们！”他们算是彻底领教了这个笑话。[10]

① A. A. Milne, *Winnie-the-Pooh* (London: Methuen, 1926), p.32. 亦可参见 A. A. 米尔恩所著《小熊维尼》，有数个中文译本可供参考。

② Susan Isaacs, *Intellectual Growth in Young Children* (London: Routledge & Kegan Paul, 1930), p.35.

③ Susan Isaacs, *Intellectual Growth in Young Children*, p.35.

④ See G. E. L. Owen, " A Proof in the Peri Ideon," in *Studies in Plato's "Metaphysics,"* ed. R. E. Allen (London: Routledge & Kegan Paul, 1965), pp.293–312.

⑤ Susan Isaacs, *Intellectual Growth in Young Children*, p.151.

⑥ Susan Isaacs, *Intellectual Growth in Young Children*, p.357.

⑦ Tom Stoppard, *Rosencrantz and Guildenstern Are Dead* (London: Faber & Faber,1968), p.78.

⑧ Susan Isaacs, *Intellectual Growth in Young Children*, p.359.

⑨ Susan Isaacs, *Intellectual Growth in Young Children*, p.360.

⑩ Susan Isaacs, *Intellectual Growth in Young Children*, p.155.

三　推理

Reasoning

让我们回到蒂姆和他关于梦的问题上来。整件事是这样的：

蒂姆（大约6岁）正忙着舔锅子时，问道："爸爸，我们怎么能知道一切不是一场梦呢？"蒂姆的父亲有点不好意思，说他自己不知道，同时问蒂姆期待大人怎样回复他。他又舔了几下锅子，回答说："噢，我并不认为一切都是梦，因为人在梦里，不会四处询问这是不是梦的。"

伯特兰·罗素的近代经典著作《哲学问题》里，也讲到了蒂姆所提出的这个问题，罗素是这么说的：

说整个生命是一场梦，这种假定在逻辑上并不是没有可能性，但在我们梦中出现的所有事物，虽然不是没有逻辑的可能性，却没有理由假定说那是真的。实际上，我们拿生活里的事实作假设，较之以常识作

> 假设更为简单，常识是独立于我们的客体，作用于我们使我们产生感觉。[①]

蒂姆的问题不同于“我怎么知道我现在是不是在做梦”。正如经常思考的那样，他的问题假定我们的确有时是醒着的，有时是在做梦。他想问的其实是：“我怎么能知道现在我是醒着还是在做梦？”

笛卡尔《第一哲学沉思录》里有段经常被引用的话提出了这第二个问题。他从一个按理没有理由怀疑的事实开始设想，即他“在这儿，坐在炉火旁，穿着室内长袍，手里拿着这张纸”。但是这提醒他的是，他经常梦见他夜里“在这儿，穿着室内长袍，坐在炉火旁，而事实上［他］是一丝不挂地躺在被窝里”！然后笛卡儿评论说：“仔细想想，我清楚地意识到没有什么确定不移的迹象能区分清醒与睡梦，这一发现使我大吃一惊。这样的困惑几乎要使我相信我现在就是在睡觉中。”[②]

毫无疑问，这第二个有关梦的问题，将笛卡尔的沉思和蒂姆的问题紧密地联系起来了。这个联系看来是这样的：假定说，我没有一分钟能够确定我是醒着的，那么就可以知道，我所划定的清醒和睡梦的界线，可能就是在梦中划定的，因而它和梦境中出现的其他幻觉一样是假象。

在他提出那著名的“我思，故我在”（cogito，ergo sum）名言之前，笛卡尔已经提到了蒂姆的问题。不管怎样，与其对此立刻提出解决办法（他也确实在别处提出了一个解决办法，例如在他的《第六哲学沉思录》里），不如像笛卡尔在他最著名的哲学片段里所说的那样，即使一个人的整个生命更像是在梦中而不是在现实生活中，他仍然能够确信他自己的存在：

> 最后，我觉察到我们醒着的时候所有的那些思想，也同样能够在我们睡着的时候跑到我们心里来，虽然那时没有一样是真实的，因此，我就决定把一切曾经进入我的心智的事物都认为并不比我梦中的幻觉更为真实。可是等我一旦注意到，当我愿意像这样想着一切都是虚假的时候，这个在想这件事的“我”必然应当是某种东西，并且发觉到“我思，故我在”这条真理是这样确实，这样可靠，连怀疑派的任何一种最狂妄的假定都不能使它发生动摇，于是我就立刻断定，我可以毫无疑虑地接受这条真理，把它当作我所研求的哲学的第一条原理。③

蒂姆是否很好地解决了所提出的梦的问题？毋庸置疑，

他的解决至少是合乎推理的。他的推理是这样的：

（1）如果一切都是梦，人们不会四处询问它是不是一个梦。

（2）人们的确在四处询问它是不是一个梦。

所以

（3）并非一切都是梦。

这个论证是相当有根有据的，真理的前提必然导致真理的结论。这个论证是否成功地解决了蒂姆关于梦的问题，有赖于我们是否有理由认定这个前提是真实的。这点可能不会是显而易见的。

若人在梦中，梦里人能向自己提问我是否在做梦吗？我认为没有理由说不可能。奥古斯丁描述了一个梦，在梦里他试图说服一个人，而这个人仅仅是梦里虚幻的人物（《论灵意与字句》12.2.3）。奥古斯丁的梦可能促使我们想起刘易斯·卡罗尔（Lewis Carroll）所著《爱丽丝镜中奇遇记》中的一段来：

> "（红棋国王）正在做梦，"叮当弟说，"你想想他正在做什么梦？"
>
> 爱丽丝："没人能猜得出。"
>
> "哎呀，他梦见的是你呢！"叮当弟兴高采烈地拍着

手大嚷，“要是他不是梦见你，那你想你现在会在哪里？”

“当然就在我现在待着的地方。”爱丽丝说。

“你错了！”叮当弟轻蔑地反驳道，“那你就会没有了，哼，你只不过是他梦里的一样东西罢了！”

“要是国王醒了，”叮当兄加上一句说，“你就没影儿了——砰！——就像一支蜡烛熄灭了一样！”

“我不会的！”爱丽丝愤怒地大叫，“要是我只是他梦里的一样东西，那你们又是什么，我倒也想知道知道？”

“和你一样的。”叮当兄说。

“一样的，一样的！”叮当弟大叫道。[④]

恐怕在梦里提出问题的人们，并不是真正在提什么问题。举例说，叮当兄（Tweedledum）认为爱丽丝是在梦里，所以她是哭不出真正的眼泪来的。在梦里提问不能真正算作提问，这是蒂姆的推论（1）预先设定的前提。如果我们以强烈的语气提问推论（1）的后半部分——“人们不会四处询问它是不是一个梦”，那么我们需要以同样强烈的语气强调推论（2）来回答——“人们的确在四处询问它是不是一个梦”。蒂姆怎么能知道，在梦里任何人只能提出问题，而不能干什么事呢？

我并不想对蒂姆的解答太过苛求。它有可能发展成一种复杂的推理。[⑤]其实，笛卡尔和罗素的解答也不完全令人满意。

重要的是，蒂姆在这里提出了一个熟悉的哲学问题，并企图解决它，这很好地示例了一个幼童如何进行哲学的推理。

> 詹姆斯和他的父亲发生了争执。詹姆斯说："我知道（know）它是！"他父亲回答道："不过你也可能弄错了！"这时，丹尼斯（4岁7个月）参加进来说："如果他知道了，他就不可能弄错！思维有时会错，但是知道的总是正确的！"[⑥]

这里，丹尼斯是在挑逗他的父亲。看起来，他要求对知识进行某种分析，即对一个人确切声称知道任何一个命题（称之为 P）相当于什么概念感兴趣。也许他所要求的分析是这样的：

（4）X 知道 P。假使 X 思考 P，那么对于 P 是什么 X 就不会弄错。

从这个分析我们可以作出推论：

（5）假使詹姆斯知道 P，那么詹姆斯对于 P 是什么就不会弄错。

丹尼斯的父亲并不否认：

（6）詹姆斯知道 P。

而他却注意到另一面

（7）（关于 P 究竟是什么）詹姆斯可能弄错了。

丹尼斯听到詹姆斯声称“我知道它是”，这与推论（6）是相符的，实际上是从推论（6）和推论（5）演绎出来的，与推论（7）刚好相反，那么可以推论出

（8）（关于 P 究竟是什么）詹姆斯不可能弄错。

至少，这是再现三人之间争论的一种合理推论。[7]

认识论的真正创始人柏拉图对知识进行了分析，为我们提供了几种观点。[8]《理想国》（*Republic*）一书里提到了这样一点，知识能以这样一种方式进行定义：一个人笃信自己已经理解了的，他就不会弄错（477e）。这个分析与推论（4）是相接近的。

试图对知识作出一项满意的分析，犹如试图处理梦的问题一样，属于认识论（epistemology）范畴。因为丹尼斯对知识进行了一种常见的分析，他的插话抬杠可以说是一个认识论的玩笑。由推论（5）和推论（6）到推论（8），顺次推论，可以看到丹尼斯的言论是相当有推理性的。

伊恩（6岁）感到懊恼的是，他父母朋友带来的三个孩子霸占了电视机；他们不让他看他喜爱的电视节

目。“妈妈，”他用沮丧的口气问道，“为什么三个人的自私就比一个人的自私更好？”

这样的情况非常常见，孩子提出了有趣的问题，妈妈却感到不知如何回应或作答。伊恩的妈妈就是这样。她只得将这个问题藏诸记忆。多年以后，当我提出对幼童的哲学思考感兴趣时，她重新提起了伊恩小时候的这件事，问这能否佐证我的想法。

还别说，真的可以，而且还是一种特别的方式。跟蒂姆不一样，伊恩并没有受到哲学困惑的吸引。他的提问，和丹尼斯的有意抬杠一样，是一种淘气的表现。然而，与丹尼斯不同的是，伊恩提出这种淘气问题有一个深层的实际目的：他想看自己喜欢的电视节目。

看来似乎可以肯定，伊恩是善于推理的，他认为如果某种行为、实践或社交安排能产生最大的幸福，那这种行为、实践或社交安排就是合理的。以诉求最大幸福原则为基础的伦理学称之为“功利主义伦理学”。这里所指的“功利”就是“幸福”（有人可能认为是不恰当的）。功利主义的原则就是总是最大限度地促进幸福。

依据功利主义原则，我们大多数人貌似有充分的理由认为伊恩提出的问题是愚蠢的，即“为什么三个人的快乐要比一个人的快乐更重要”。看来伊恩是这样认为的：当 X 以牺牲 Y 的利益获得了 X 所需要的，那么 X 就是“自私自利”的。在伊恩经历的这件事情中，父母朋友家的三个孩子得到了看喜爱的电视节目的机会，满足了他们的需要，却以伊恩无法看他自己喜爱的电视节目为代价，因此可以说那三个人是自私自利的。据此推演，最大多数人的最大幸福也可能会被责难为最大多数人的最大自私自利。

要公正看待这件事和涉及的相关人，我们当然该了解得更具体些：来访的孩子是否认识到他们看自己喜爱的节目就是剥夺了伊恩看他喜欢的电视节目的一次机会？假使并非如此，那我们就不应该责备他们自私自利。他们可能仅仅是没有照顾到伊恩的意愿罢了。在这个事情上，他们可能错在缺乏道德想象力，表现出来就是以自我为中心或不够顾及他人感受，而并非自私。还有一种可能就是，伊恩的妈妈特意优先照顾那三个孩子，对于来访的孩子来说，质疑主人这样的安排是不礼貌的，虽然他们内心也很同情伊恩。

不管实际情况到底是怎样的，我们当然能想象出一种情况，就是各方都知道彼此的爱好，其间来访者十分愉快地看了几小时他们喜欢的节目，最后意识到这样做剥夺了伊恩应享的权利。看来功利主义原则允许这种方式的安排，甚至告诫我们要维持这种安排，因为这样做，在这种情况下是合乎情理的。这暴露了功利主义作为一种道德理论的一个重要缺陷。

当然，我并不是说伊恩在6岁时就能有意识地驳斥功利主义伦理学了。我想表达的是，他内心对功利主义伦理安排所涌现的自动排斥，是对功利主义伦理学这个理论一种非常有趣和重要的批判。

> 一个9岁的女孩问：“爸爸，真有上帝吗？”父亲回答说，不太肯定。对这个回答，孩子反驳说：“一定是真有的，因为他有一个名字！”⑨

让·皮亚杰在这条记录前作评说，孩子“不能将事物与名字分离开是非常奇怪的”⑩。乍一想，有名无实也没什么不合理的，但是稍微再想一想，就很容易推理出下面的可能性：

> “罗慕路斯”（Romulus）这名字并非真是一个名字，而是一个传说的缩影。它代表一个有过如此这般经历的人——杀死“雷慕斯”（Remus），建立了古罗马，等等。它是对这段描述的简称；或者也可以说，

> 它是“一个叫‘罗慕路斯’的人”之简称。假使它真是一个名字，就不会出现到底存在与否的问题，因为名字是某些实在事物的命名，否则它就不是一个名字，要是实际上没有罗慕路斯这样一个人，那就不能对不存在的人命名。[11]

从本质上说，罗素应用于“罗慕路斯”的论点，确实是这个9岁小女孩关于“上帝”的论点的另一种表述。罗素的论点，不说全部，至少也有一部分，可以用这样的方式推理：

(9)假使“罗慕路斯”是一个名字，那就存在着一个名为“罗慕路斯”的实体。(“名字是某些实在事物的命名，否则就不能称为名字。”)

(10)“罗慕路斯”的实体是不存在的。

所以

(11)“罗慕路斯”就不是名字。

小女孩的论点，稍微整理一下，推理方式如下：

(12)假使“上帝”是一个名字，就存在着一个名为“上帝”的实体。

(13)“上帝”是一个名字。

所以

（14）就有一个名为"上帝"的实体。

这两个论点都有确实的根据：它们在形式上是正确的。第一种论点的形式传统上称之为"否定后件假定推理"（Modus Tollens），第二种则称之为"肯定前件假定推理"（Modus Ponens）。这些论点能否提供充分的理由让我们去接受它们的结论，依赖于它们设定的前提是否充分。可以想见，用以证明推论（11）和推论（14）成立的原则是会引起很大争议的。围绕着接受或反对这个原则的讨论直接导致了20世纪哲学的丰硕成果和蓬勃发展。

皮亚杰不予考虑甚至轻视了这个小女孩的推理。他不应该这样。上至前苏格拉底时期的哲学家巴门尼德（Parmenides，公元前15世纪），下至当今时代我们称之为"自由逻辑"的众多讨论，非标准逻辑是允许不指称实体的，认为存在"空洞"的名字。

约翰（7岁）的父亲帮他拿着大提琴，一松手，大提琴落在地上摔坏了。约翰悔恨不已（他非常喜爱他的大提琴），走到他母亲那里，紧紧地抱住她好一阵子，然后说："我希望万事都能和拍电影一样，这样你就能把它卷起来，让一切都重来一遍。"过了一会儿，他又说："当然，那样，也不过就是再来一遍而已，因为影片仅仅只有这一部。”

我们生活在书本文化中，很自然地要问是否有“生命之书”。人们相信有“生命之书”，未来的页码全是空白的。我们活着的时候——做这，做那，做这种选择，做那种选择——这就是我们每一个人都在书写自己的生命之书。当然，在宿命论版本的生命之书里，未来的书页早已写就了，将要发生的一切该早就写在里面了。

置身于现代的电影文化之中，将人生比作一部影片，可能更加扣人心弦。宿命论者重点关注放映机。人生如电影，我们的生活和经历都不可抗拒地充分展现出来，就像在电影院里放映电影。非宿命论者则主要关注摄影机，在摄影机的胶卷上，未来的胶卷是空白的，只有过去拍摄过了的胶片，才是印满了的。

在这件小事中，约翰当然是对人生如影片的比喻产生了兴趣，尽管表述并未如此明了，但他正是这么想的。

约翰一定已经看过影片在电视上的退放；举例说，一个潜水员第一次是用正常的方式离开船只潜入水里，然后，可能是受到某种广告食品的吸引，他从水中出来时，先是伸出脚，再回到潜水船上，正好和先前的潜水动作完全相反。约翰一直对此类的特殊事件极为好奇（他爱好玩魔术）；他当然也知道影片倒转就能够产生这样的错觉，然后再以常规方式来表现。

更甚于此者，是电视上重新播放一场紧张的足球或篮球赛。这又是约翰非常熟悉的事。通过录像带来的奇迹，我们能够一遍又一遍十分具体细致地了解到那个紧张时刻所发生的一切。

要是人生就像影片，约翰就能放映它，追溯到他的大提琴跌落摔坏以前那一刻，就像他所说的"让一切都重来一遍"。不过随后继续播放的情节让约翰意识到，即便能简单地重放，无法更改的剧情也真正地使他感到不舒服。（事实上，这意味着再一次播放人生之影片是令人厌烦的，很少有人能作为一个置身事外的旁观者，将之前看到的全部牢记在心。再一次的播放，就是将不愉快的旧事重提。）

可能约翰产生了这样的想法，认为人生是像一部已经拍好的影片，每一件将要发生的事，都早已摄录其中。在大提琴被摔坏这件事情上，他不可能让时光倒流来改变事情的结局，正如设法通过重新放映影片来改变影片的结局一样。与其说这是宿命论的观念，不如说约翰就是认为人生之影片一旦播放了，就再也抹不掉了。也可能约翰头脑里所想到的并不是这二者中的任何一种。他的推理可能是这样的：假定我们将影片放映到大提琴跌落之前的时刻，就在那一刹那，无论是约翰还是我（约翰的父亲）都在担忧大提琴可能将要摔下去，但我们二人都无法阻止这意外事故的发生，所以大提琴只好照样跌落摔坏了。

这件事情发生的时候，我也比较沮丧，未能探求约翰对人生所进行的比喻。现在我也不能绝对确定他所作的比喻到底意味着什么。但是，我所想到的每一种可能都是非常有趣的，每一种都蕴涵着一定的哲思。

我最近在哈佛暑期班教授“哲学与幼童”一课，同时经常安排实践作业。有个学生给年方7岁的迈克尔读了一段C. S. 刘易斯（C. S. Lewis）所著“纳尼亚传奇”（Narnia）系列中的故事。接着他们进行了时长三小时的讨论，涉及许多能想象到的最具哲理性的主题。他们告诉我，要不是迈克尔的母亲出面干涉，认为讨论的时间已经够长了的话，这个讨论还会继续下去。

讨论是从邪恶和邪恶之源这一烦神的主题开始的：“是什么使人变坏？”“人之初，性本恶吗？”等等。之后谈话主题转向宇宙空间和它的特性。最终谈及宇宙究竟是否是无限的这一问题。我的这个学生，我估计过去从没有那样郑重地考虑过这个问题。迈克尔则想过：“我并不希望宇宙是没有终极的。它给我一种有趣的感受。假使宇宙永不停止地延伸，那么创造宇宙的上帝就没有立足的余地了。”

然后迈克尔提到他父亲曾经写过一篇关于宇宙的有限模式的文章。他说他没有读过这篇文章，因此在此之前也就不想进行任何评论了。不过他父母并不知道，当然我也是后来才知道的，对于宇宙是否无限的问题，他的思想发生过转变。

“为什么那是件重要的事？”我的学生问道，他发现迈克尔居然关心这些事，十分惊讶。

“知道你在这儿，是令人愉快的。”迈克尔回答道，“对于事物一无所知是令人不快的，我希望（这宇宙）不是永无止境地存在下去。我不喜欢认为它能永恒地延伸，因为显而易见，它是不可能无处不在的。”

这一相当简洁的推理有助于理解迈克尔的所思所想。迈克尔继续在沉思，一个无限的宇宙不可能被放置在某个地方，而一个无限的宇宙内部不可能存在任何绝对固定的位置。

在解释一个无限的宇宙内部不存在绝对位置这一点上，迈克尔举了个类似的例子：由于不通语言，人在国外，就会弄不清方向，很容易迷路。

比方一个说英语的人到日本，没有地图也没有钱，

> 仅仅……靠一辆车……在一个大城市里，要是没有地图……最好能确保知道你当前所在的位置。

我从迈克尔的母亲那里了解到，在访谈前不久，他们曾去法国旅行，确实由于语言不通和没有地图迷了路。迈克尔的母亲注意到，他返回英国后大大松了口气。但是她完全没有想到这次迷路的经历会给儿子的情感造成那么大的影响。她更不会想到，这个经历让他类推出宇宙中没有绝对固定的位置，因此无法确定一件事物的具体方位，只能勉强以相对的方式确定方位。

理解了迈克尔关于在无限的宇宙中没有安定感的解释，我的学生问道："假使宇宙是无止境的，那意味着什么？我们怎样才能有安定感？譬如说我们在中国的一个城市里迷了路。"

"这种事会总是发生吗？"迈克尔问道，"没地图？不通语言？我们得小心别将车撞得粉碎，或是驾着车像迷了路似的转来转去。"

"要是发现了宇宙是有止境的，那么能告诉我，我们是谁，或者我们是什么吗？"我的学生问道。

"不能，"迈克尔回答说，"不过那将使我们较有安定感。"

"我们该怎样对待空间和死亡？"我的学生在后来的讨

论中问道。

“这是更为重要的事情，”迈克尔坚定地回答说，“去了解你在哪儿比了解你死后将会发生什么更为重要。大多数人是不考虑死亡的。在陌生的某个城市里，考虑地图是比考虑死亡更重要的事。我想我是宁愿要地图的。”

当然，在思考宇宙是否是无限的这一问题上，相比迈克尔的所思所想，成年人能够提出更为深奥的概念体系，可能还包括非欧几里得几何学，等等。但是迈克尔展示出了对这个问题一些基本关系的清晰理解。有时他的推理简直是了不起的。他能确定地“本能”直觉到一些主题的重要性，我认为这一点要胜过任何人，成人或者孩童。

迈克尔并不是一个典型的 7 岁年龄的孩子。他心智方面的超前发展，无疑与他母亲是一个计算机科学家，他父亲是一个数学家有关。更重要的是，他愿意开诚布公地和成年人交流，说明他的谈话一直是得到身边人的尊重和重视的。

虽然并不具备很大的代表性，但迈克尔也并非完全偏离常规。事实上，就我所能够搜集到的材料来看，对于许多幼童和青少年来说，进行哲学思考是天生的本能，就与从事音乐和做游戏一样，这是人之成长为人的一个重要部分。

① Bertrand Russell, *The Problems of Philosophy*, pp.22–23. 亦可参见伯特兰·罗素著，何兆武译：《哲学问题》，商务印书馆 2007 年版。

② René Descartes, *Meditations on First Philosophy* (Indianapolis: Bobbs–Merrill, 1960),pp.18，19. 亦可参见笛卡尔著，庞景仁译：《第一哲学沉思集》，商务印书馆 1986 年版。

③ René Descartes, *Discourse on Method* (Indianapolis: Bobbs–Merrill, 1956), p.21. 亦可参见笛卡尔著，王太庆译：《谈谈方法》，商务印书馆 2000 年版。

④ Lewis Carroll, *Alice's Adventures in Wonderland & Through the Looking–Glass*, p.165. 亦可参见刘易斯·卡罗尔所著《爱丽丝漫游奇境》和《爱丽丝镜中奇遇记》，有数个中文译本可供参考。

⑤ 诺曼·马尔科姆（Norman Malcolm）在《做梦》（*Dreaming*,London: Routledge & Kegan Paul, 1959）一书中的推理很有些类似蒂姆的，但他更为完善地指出："当一个人声明'我醒着'时，那他就不可能是睡着的。对于我来说，断定自己是醒着的还是不是醒着的，并不是两件不同的事。因此根本不需要去断定什么，去选择什么，去查明什么。"（第 118 页）如果"不需要去查明什么"，那么就没有真正地去探究一个人到底是不是在做梦。因而，在梦这个问题上的思考，马尔科姆看起来只是生活阅历比蒂姆更为丰富的堂兄而已。

⑥ Susan Isaacs, *Intellectual Growth in Young Children*, p.355.

⑦ 丹尼斯的推理也有可能是这样的：

（a）知道了的总是对的。

因为推论（6）成立，所以

（b）詹姆斯是对的（即詹姆斯绝不会弄错 P）。

相比正文中的推理，这种推理不那么强调对知识的分析。因为（a）认为知识是真实的信念，因而必须确定推论（4）是准确无误的。

⑧ 在对话录《泰阿泰德篇》中，柏拉图讨论了对知识的三种不同认识：（a）知识是感觉；（b）知识是真实的信念；（c）知识是能够加以解释和检验的真信念，即知识是经过检验的真信念。

⑨ Jean Piaget, *The Child's Conception of the World* (London: Routledge & Kegan Paul, 1951), p.67. 亦可参见让·皮亚杰：《儿童关于世界的概念》。

⑩ Jean Piaget, *The Child's Conception of the World*, p.66.

⑪ Bertrand Russell, "The Philosophy of Logical Atomism," in *Logic and Knowledge*, ed. Robert C. Marsh (New York: G. P. Putnam's Sons, 1956), p.243.

四　皮亚杰

Piaget

毫无疑问，有些读者会觉得好奇，我究竟是怎样试图在幼童和哲学之间建立起关系来的，这是伟大的瑞士幼儿智力发展学者让·皮亚杰（Jean Piaget）过去从来没有考虑过的。

皮亚杰毕生的职业生涯都在以幼儿的智力发展为主题著书立说。他最为人所知的成就，就是研究出婴儿的最早动作是其智力发展的源泉。[1]但是皮亚杰还关注了幼儿的后期发展。在《儿童关于世界的概念》（*The Child's Conception of the World*）里，他提出了一系列显著具有哲学意义的问题："什么是思维？""字与字义之间的关系是什么？""什么是梦，它们藏在什么地方？""什么东西是已被意识到的，什么东西仍是潜意识的？"他向5岁至12岁的孩童提出了这些问题。因此，人们理所当然地希望从这一著作里了解一些有关幼童哲学思考的问题。

根据对一个概念的掌握程度，皮亚杰将儿童智力的发展分成三个或四个递进的阶段，然后指出大多数某一年龄段的孩子处于第一阶段，而到一定时候，这同一年龄段的孩子大部分同时都进入第二阶段，以此类推，往前发展。

这样划分阶段首先会给人一种担忧。将孩童或者任何其他人在掌握真正的哲学问题上所取得的明显进步界定为一种标准或者正常发展阶段，这样的做法是否合理？看来回答一定是“不合理”。理由有很多。第一，有些人认为，要对以什么来认定哲学上的进步取得统一意见，这是相当困难的，几乎不可能。第二，哲学上的进步，无论是从 5 岁到 12 岁，还是从 25 岁到 65 岁，或其他年龄段，都用类似的尺码来测量，绝不会测量出合乎标准的发展情况。

此外，还存在另一种担忧。皮亚杰设定，如果在同一阶段的所有孩子中发现同样的反应模式，则证实他关于儿童智力发展阶段的论点是成立的。研究中发现的这样一种现象，皮亚杰认为正好印证了孩子的思维实际上是呈阶段式递进发展的。那些与众不同的反应则受到忽视，被视为孩子思维发展中不可靠的指示：“唯一正确的标准……建基于结果的重复和众多个体反应的比较上。”[2]不过，反倒是偏离正道的反应大多数带有哲学趣味。标准的反应通常是社会化的不假思索或不用思想的产物。反过来，不合常规的反应则更像是诚实反应的结果。然而皮亚杰在方法论的基础上，轻视和排斥了不同于一般性反应的特殊反应。

以下是第三方面的担忧。皮亚杰的目的是要得到孩子们的想法。他对孩子们的回答进行了分类，一类是展现孩子想法的答案和评论，另一类他称之为“仅仅是虚构的”答案。他解释说，虚构的答案（romancing）是指“其本人也并不真正相信的答案，或是虽然内心相信但仅仅是迫于压力才说出的答案”。皮亚杰以多种方式清楚表明，他对“虚构的答案”没有什么兴趣，并不欣赏。“我们应该要能排斥虚构的答案，”他很严肃地声称，“同样重要的是还要排斥［回答问题的人仅只是有意讨好提问者而给出的答案］。”③（在这一观点上，我们外表温和而友好的瑞士心理学家抽着他有雕刻柄的烟斗，正在深思熟虑，显然更像是严肃的校长或者训导主任附了身。）在他看来，一个孩子作出非常具有哲理性的有趣评论，或者探索一个概念性的联系，或者说出一个概念性的笑话，都没有表述出一个孩子内心确实的答案。因此，孩子们最有趣味、最为吸引人的哲学评论很可能被皮亚杰当成了“虚构的答案”。

虽然前面已经举出了很多有关孩子的实例，为了更好阐释这个观点，我将再举一个新的例子：

> 有一次，我决定带6岁大的儿子约翰去出席大学管弦乐队的演奏会。那时他即将开始学拉大提琴。我的计划是将他突然带到管弦乐队的大提琴组前并对他

说："这就是你将学习的乐器。"

当我们到达音乐会的大厅时，发现那里漆黑一片，原来音乐会取消了。在失望中我们只好钻进汽车回家。正要开车的时候，我发现仪表盘上的一个红色信号灯亮着。我的儿子敏感地意识到我碰上了麻烦事，就问我是怎么回事。我解释了这个信号灯的功能：信号灯亮了，意思是告诉我们发动机无法正常给蓄电池充电，我们的灯将会熄灭了，等等。

约翰想了一会儿，然后尖声叫道："这可能是说谎！"（这是一个明显的"虚构的答案"。）

我接受了他的挑战。"我之前告诉你今夜将有一场音乐会"，我说，"那是我从报纸上看到的，但现在却没有，我是不是在对你说谎？"

"不，"他缓缓地说，"是报纸在说谎。"（更是"虚构的答案"！）

就这样，我们在回家的路上谈论开了。缓慢而谨慎地，我们分析了说谎的概念，在几个回合后，最终得出了结论：你居心要去欺骗什么人，就是说谎，因此，你自己必定知道你所说的是假话。（我审慎地回避了去讨论自我欺骗——对自己说谎的可能性。我想有朝一日，我会和约翰一起讨论这个问题的。）

“你是否想到，”当我将车放入车库时用欢快的心情问道，“亮起的红色信号灯是不是知道它告诉我们的信息是错误的？”

“不是。”

“为什么不是？”

“它没脑子。”

我很高兴。

然后，分歧产生了。“是的，这不是说谎，”我的儿子同意说，“不过可不可能这是在作弄人。”（他真是一个无可救药的故事虚构者！）

那最后一着是很精彩的。分析“作弄”的概念将可能耽误固定的睡觉时间。我有意诱使他继续谈下去，但态度不够坚决。最后，我没有和我年轻的哲学家分析“作弄”的概念，而是硬着心肠迫着他上床睡觉去了。

在皮亚杰的著作里，没有出现这样的交流。皮亚杰关于虚构的答案的论述，暗示他会阻止此类讨论的进行。他在阻止这样讨论的同时，也阻止了哲学的发展。

那么，皮亚杰把哪些算作儿童概念形成过程中的进展呢？他又认为如何才能检测呢？

在《儿童关于世界的概念》一书的第一章，皮亚杰提纲挈领地说明了他的步骤：

方法扼要地说明如下。向孩子提出问题：“你知道想起某件事物意味着什么吗？当你在这儿，你却想到你的房子，或者想到节假日，或者想到你母亲，这说明你正想起了一些东西。”等孩子理解了之后，继续问道：“那么，你是用什么来想的呢？”假如他对此并未理解，当然这种情况很少发生，那就得作进一步的解释：“你走路时用的是脚，那么，当你想东西时，用的是什么呢？”不管这个回答是什么，话语背后的意义是最重要的。最终就会出现这样一个问题，假定能在不伤害一个人生命的前提下打开一个人的头颅，你能否看到一个思想，或者用手指去触摸和感觉它，等等。自然，后面的这些问题，都是启发式的，必定会保持到终了，就是说一直持续到这孩子对这件事本身再也不想说什么了为止。④

皮亚杰宣称检测到儿童思维发展中由低级向高级演变的三个阶段，并试图作出区分：

第一阶段，儿童相信人是“用嘴”来想的。声音就是人的想法。人的头脑或身体里，是没有什么东西在发生作用的。想这一行为并没有任何主观因素。这一阶段的儿童平均年龄是6岁。

第二个阶段，儿童明显受到成人影响。孩子已经知道我们是用“头”思考，有时甚至会提到“脑”。……作出类似回答的，通常是8岁光景的孩子。不过更为重要的是，第一和第二阶段中间存在思维连续性。确实，想法时常被看作头或脖子里的声音，这能够看到孩子们前一阶段想法的影子。最后，可以看到，孩子们将想法物化了：想法是空气组成的，是血液构成的，或者，想法是一个皮球，等等。

第三阶段，孩子的平均年龄是11—12岁，显示出他们的思维不再是物化的了。⑤

任何一个熟悉经典思维理论的人都能将经典理论和皮亚杰的三阶段论联系起来。柏拉图的著作里也能发现思维是内在语言这一观念。举例说，从他关于此问题的对话《泰阿泰德篇》(*Theaetetus*)就可以看到：

苏格拉底：你接受我对思考过程的叙述吗？

泰阿泰德：你是怎样叙述的？

> 苏格拉底：我认为思考过程是头脑和自己所进行的关于它正在思考的任何题目的一种谈话。你必须像从一个没有知识的人那里接受这个解释（可能有些人还停留在第一阶段！）；不过我有一个看法，就是当头脑在进行思考时，这只不过是它在对自己说话、提问和回答问题，说“是”或“否”。当决断时刻到达时——可能是缓慢地到达，也可能是突然作出的——疑虑解决了，内心和外在的两种声音确定了同一事物，我们就将其称之为“判断”（judgement）。所以我将思维描述为谈话，将判断描述为公开的声明，不是大声地对别人嚷嚷，而是默默地向自己细语。（译自 F. M. Cornford，189e—190a）

柏拉图的理论在当代得到了复兴和修正。吉奇（P. T. Geach）《心理活动》(*Mental Acts*) 一书中关于判断的类似理论实际上就是柏氏理论的现代版。在行为主义心理学家华生（J. B. Watson）的著作中可以找到另一个十分不同的现代版，它与皮亚杰的第一阶段更相一致。根据华生的学说，当成人厌烦倾听幼儿的喋喋不休时，儿童通常会抑制口头的语言。为了听从告诫保持安静，孩子们先是低声喃喃地说，最后几乎听不见声音，连嘴唇的动作也消失了。他们全部所做的只是动了动嘴和喉头的肌肉。这种被抑制的讲话，或无声的语言，华生认为就是思考。[6]

与皮亚杰第二阶段说相一致的是各种关于思考的物化理论，包括今天所说的“同一性理论”（the identity theory）。同一性理论者不再将想法看成由空气组成的，由血液构成的，或者是一个皮球，而是将心理活动等同于大脑活动，顺理成章地将思考物化了。如果从现代哲学期刊留给支持和批判同一性理论的篇幅空间来判断的话，可以发现一条最令人兴奋的解答思考是什么这个古老问题的当代途径。

最后，皮亚杰分类的第三阶段对应的是经典的二元论学说，尤其是经验主义者传统中的意象派解释。威廉·詹姆斯(William James)的《心理学原理》（*The Principles of Psychology*）中篇幅较长但非常有趣的章节《思考之河》也许最为全面、最为生动地阐述了这种观点。[7]

我们当然可以质疑，究竟皮亚杰用于研究的实例或方法是否能证实他的结论，即儿童自然就会以这种特别的连续性发展其思维观念。不过假如我们满足于皮亚杰这些方面的研究，构建他方法论之进步的概念仍是令人担心的。

皮亚杰说第一阶段的特征是孩子认为“想这一行为并没有任何主观因素”。皮亚杰在他的观点中清楚地表明这是儿童思维观念中的一种缺陷，这种缺陷在以后的阶段就被纠正了。关于第一阶段，皮亚杰又说："关于思维观念的发展，我们应留意儿童的原始判断——人是用嘴来想的。思维的概念一出现立即就与声音混淆在一起，那就是说，可以说，也可以听。"⑧

像心理学家吉奇那样，试图在智力发展方面将思维描述为内在语言，这种观点落后了，或是不合常规地受阻了。要说哲学家或心理学家（我想到了华生）坚持甚至固执地假定"在思维活动中没有主观性"，那其他的人更会如此了。同一性理论者至少已经超越了第一阶段。不过要是从皮亚杰自然发展的三个阶段来判断，他们的进步也受到了不合人情的阻碍。

"请等一下！"你也许要抗议，"这全是感情夸张，说话过了头。皮亚杰没有说一个正常的6岁儿童掌握了行为主义的思维理论，一个8岁儿童规范地理解了同一性理论，一个12岁的儿童理解了二元论的学说。皮亚杰并没有假定这些孩子中的任何一个已经发展了，或甚至将要理解关于什么是思维的理论。正如你问一个6岁的儿童'你是用什么来想的'时，你希望能得到的回答是'用我的嘴'，而两年后你可能希望的回答是'用我的头''用我的脑'或者类似的回答。仅此而已。"

无疑，皮亚杰并不真的要将这些思维学说加之于受试者身上。说某人接受了一种特定理论，就是暗示此人对涉及该理论主题的一系列问题有精心设计的答案。但皮亚杰更希望他的受试者时常被关于思维的简单问题难倒，所作的回答甚至前后矛盾。

因此，皮亚杰并不真正给他的受试者贴上行为主义、二元论和唯物主义等标签。另一方面，不管怎样，说他只是简单地就“你是用什么来想的”此类问题搜集孩童的答案并制成表格进行分析（例如，有百分之 X 的 Y 年龄的儿童的反应是“用嘴思考”）是不对的，皮亚杰更是对孩子关于世界的概念，进而对孩子关于思考是什么的概念发生了兴趣。我们将用儿童的语言研究它们所透露的儿童的概念化世界。虽然假定儿童持有哪一种思维理论实在是过于夸张，但是皮亚杰确切地假定了儿童有思维的概念，甚至是 6 岁的孩子。（他书里有一个章节就叫《思维的概念》。）

下面这段文字节选自他有关方法论的章节的开篇，从中可清晰地看到皮亚杰的意图：

> 必须进行一种尝试，将他们回答中的语言因素去掉。这样就可呈现给孩子一个完整的思维世界——由形象和图式联合组成，无法进行简洁陈述。除此之外，

> 至少部分地，诸如力量、生命、重量等的观念和事物本身之间的关系，贯穿着难以确切描述的联系。当这个孩子被提问时，他将思想译成话语，而这些话语必然是不充分的。[9]

皮亚杰感兴趣的儿童的概念世界就是如此，用孩子自己的话语来表述“必然是不充分的”。这也正是皮亚杰有意去论述的思维的概念。正如我们所认识的，皮亚杰宣称在5岁到12岁的孩子们身上所发现的一系列思维的概念，是和一系列经典的思维理论相对应的。

由此我们又要回到最初的为难境地。皮亚杰能否设想一个行为主义者的思维概念竟从没有超越过第一阶段？或者他能否假定一个行为主义者先是不断进步进入了童年和青少年，然后在成年生活中退化至第一阶段？

我们要努力让皮亚杰摆脱这种困境，就必须淡化他关于进步的观念。很可能他是有意要指出：孩子之思维、梦、意义、生命等等的概念是以可经确认的预定路径在发生变化。事实上他可能并未把这一系列的变化看作一条逐渐进步的路径。假使他不是的话，那么最终发现一个成人，甚至一个有学问的哲学家或心理学家的思维观点与6岁或8岁孩子的思维观点相符合时，也就不会产生尴尬了。

不幸的是，这种方式完全不符合文本。皮亚杰在他的著作中通篇清晰地表明，他所讲的那个概念变化的故事是一个话语连续不断地接近充分表达思想的故事。以下这段文字归纳了他对儿童思维、意义和梦的概念的讨论，提供了一个很好的例子：

> 儿童天生并不能区分思维和外部世界，这样的能力是逐步形成的，其建立需经过一个缓慢的过程。这带来的一个结果是强调研究诱发起因的重要性，换句话说，儿童是唯实论者，其思维发展在于去除这最初的唯实论色彩。事实上，在最初阶段，由于儿童还没有意识到自己的主观性，因此将外部世界和内在世界的知识混淆在一起，认为所有的现实（reality）均为一种不变的类型。现实孕育于自我，而思维则被构想为属于某种物质。[10]

我读着这段文字的时候，想起当年我还是个研究生时，我的老师奎因（W. V. Quine）对我说的话。当时我们正在讨论哲学家称为“意向性”的要素，探讨这些具有“内在性”和非物质性的要素是否会从某人正在思考的报告里被排除掉。我表示怀疑，奎因却坚持认为会被排除。“让我们面对这一切，马修斯，”他热切地说，“世界只有一个，它是一个物质世界。”

下面再回到皮亚杰：

> 因此存在两种形式的自我中心主义，第一种是逻辑学的，第二种是本体论的。孩子制造他自己的真理，他因此也制造了自己的现实；他不再抗拒事实，但认为提供论证更为困难。他不经论证地叙述，他的支配能力没有限度。建基于本体论发展上的奇迹和建基于逻辑学发展上的不经论证的想法……两者都根植于同样的自我中心主义幻觉，换句话说，都来源于自己思维和他人思维之间的混淆，以及内在世界和外在世界之间的混淆。⑪

看来皮亚杰并没有留给我们什么好的方式助他摆脱那种困境，人们仍认为他暗示了行为主义者和同一性理论者都是发展迟滞的儿童。

皮亚杰该书中最后的评论仍然使人感到不安。说得严重一点，他们以为试图同儿童谈论哲学是愚蠢行为，希冀儿童能谈论任何有哲学趣味的事情都是怪想和不合情理的。他们以为，一个儿童在发展关于世界的概念时，不会去在意逻辑和经验上的一些合理约束。这句话的潜台词就是，相比之下，“我们”成年人或多或少会受到逻辑和经验的约束。

当然，说皮亚杰低估了幼童的思维能力是没有根据的。我就此已经提出了相当多的论据。然而，要设法弄清一些儿童怎样能够持有皮亚杰所说的哲学观念，不需舍近求远，直接从皮亚杰的著作中就能发现一些调查材料。尽管很多与孩子交流的材料都是以简略的形式引述的，很难以之为根据，但有一些交流进行了详细的记录。下面这段记录的是与8岁孩子的一次颇为吸引人的交流：

> 发荷（Fav）……所在班级的老师，为了让学生很好地做练习，发给每一个孩子一本“观察笔记簿”，要孩子每天都作记录，记录其在校外亲自观察到的一件事，可以配图，也可以不配。一天早晨，发荷像平时一样很自然地记录着：“我梦见坏蛋要伤害我。”随文他还附了一张图画，我们将它复制如下：可以看到，左边是发荷躺在床上，中间是那个坏蛋，右边是穿着睡衣的发荷，正站在要伤害他的坏蛋前面。我们很容易注意到这张画并认出发荷。他的画明显地表现了儿童的现实主义观念：梦就在床的旁边，在做梦人的眼前。而且，发荷在梦里还穿着睡衣，就像是坏蛋已经

把他从床上拉了起来。

以下是我们所作的评论：在认识梦的起因上，发荷的观念已经超越了第一阶段。像舒纥（Schi）一样，他知道梦来自思考。

“梦是什么？”

“它是一种思考。”

“从哪儿来？”

“日有所思，夜有所梦。”

“是我们自己做梦吗？”

“是的。”

“梦是外边来的吗？”

“不是。”

发荷也知道我们是“用脑思考，用我们的智力思

考”。此外，像舒纥和其他同一年龄段的孩子一样，发荷知道只有他自己才能看到他的梦，我们或者其他任何人都无法看到他房间里那个关于坏蛋的梦。不过他尚未理解梦的内在本质。

“你做梦时，梦在哪儿？”

“在眼前。”

“什么地方？”

“当你躺在床上时，梦就在你眼前。”

“哪里？很靠近眼睛吗？”

“不是，在房间里。”

我们指着画中发荷所画的他自己，将之标记为Ⅱ。

“那是什么？”

“是我。”

“哪个是最真实的你，是Ⅰ，还是Ⅱ？”

“在梦里是这个（指着Ⅱ）。”

“这个Ⅱ是什么？”

“是的，那是我。尤其是，我的眼睛正待在这里（指着Ⅰ）盯着看。”

“你的眼睛怎么会在这儿（指着Ⅰ）？”

“我整个人都在这儿，特别是我的眼睛。”

“你的其余部分呢？”

“也在这儿（指床上）。”

“那怎么可能？”

“这里有两个我，我在床上，我一直在看着。”

“你眼睛睁着还是闭着？”

“闭着，因为我睡着了。”

等了一忽儿，发荷看起来似乎弄懂了梦的本质：

“当你睡着时，是梦在你身上，还是你在梦里？”

“梦在我们身上，因为我们看到这个梦。”

“是在头脑里面还是外面？”

“在头脑里面。”

“你刚才说的外面，是什么意思？”

“在眼睛里你看不到梦。”

“梦在哪里？”

“在眼睛前面。”

“在眼睛前面真有什么东西吗？”

“是的。”

“是什么东西呢？”

“是梦。”

由此，发荷意识到了关于梦的一些内在的东西，他懂得梦里出现的外部事物是由于错觉（“在眼睛里你看不到梦”）。这种错觉使真实的情景在他眼前存在。

"你真是在这儿（指着Ⅱ）？"

"是的，我出现了两次（Ⅰ和Ⅱ）。"

"要是你曾经在这儿（Ⅱ），那我该看到过你？"

"不会的。"

"那你说'我出现了两次'是什么意思？"

"当我躺在床上时，我是真正在这儿，当我在梦里的时候，我是和坏蛋在一起，我也真正是在这儿。"⑫

（我将想象这是皮亚杰自己在引导着与发荷进行的一次讨论。）

显而易见，皮亚杰压倒一切的兴趣是判断发荷关于梦的概念到底是仍然停留在第二阶段，还是已经进展至第三阶段了。皮亚杰以如下方式指出了这两个阶段的特性：

在第二阶段（平均年龄 7—8 岁），孩子推测梦来源于头脑里、思想里、声音里等，不过梦出现在房间里，就在他面前。梦是能用眼睛看到的，就像看着外面的一幅图画……在第三阶段时（大约 9—10 岁），孩子认为梦是思考的产物，发生在头脑里（或者在眼睛里），梦是通过思考或者眼睛的方式进行的内心活动。⑬

我不能确定自己已经完全理解了这两个阶段的特性。两个阶段的孩子都认为，梦是由“内在产生的”（随便怎么解释都可以）。不同点可能是这样，在第二阶段，孩子相信梦是“在他房间里，就在他面前”，而在第三阶段，孩子认为梦可能“不是发生在房间里，而是发生在头脑里（或在眼睛里）”。

因此接下来问题是：“发荷认为他的梦在哪里，在房间里还是在头脑里？”皮亚杰认为插图中发荷画出的两个他自己显露出了发荷内心的矛盾。皮亚杰设想，发荷画出的两个自己，显示出他正处于第二阶段向第三阶段的过渡期。

对于自己，发荷想要表达这样两件事：

（1）整个梦里，我是在床上睡着的。

（2）整个梦里，我在房间里，站在床外。

看来他认识到，在某些自然的假设中，这二者是不能同时成立的。特别是，假设一个人不可能同时在两个地方（当然，在过于信任此类不言而喻的常识之前，最好回想一下本书第二章中我和约翰所玩的哲学游戏），发荷就不可能同时既在床上躺着，又在房间里站着。发荷的一个解决办法是复制自己：“这里有两个我……我出现了两次。”

另一个解决办法，即解释说上面所表达的“整个梦里”意思不太明确。如果它的意思是指“在整个梦境里”，那么

（2）是成立的，（1）是不成立的。如果它的意思是指“在我做梦的整个时间段里”，那么（1）成立，（2）不成立。

实际上，第二种解释并不很好。因为如果一个人正好在他睡着的时间段内做梦的话，他又会在早上被迫得出结论说，这里有两个我，一个躺着床上，一个站在房间里。

皮亚杰的办法是简单地否定（2），而将它重新安排成这样：

整个梦里，我自己似乎在房间里，站在床外。

也就是说，“他懂得梦里出现的外部事物是由于错觉”。

到目前为止，这个改动是较好的一种。但是皮亚杰最为关注的是他所称的“梦的内在本质”，因此他问发荷：“当你睡着时，是梦在你身上，还是你在梦里？”这样，皮亚杰清楚地表明了自己的观点：

（3）梦是在发荷身上

是成立的，但是

（4）发荷是在梦里

是不成立的。

发荷很乐于接受推论（3），不过他拒绝放弃推论（4），认为它是相当正确的。总之，这是他的梦，他知道他是在梦中。

在这一段情节里，皮亚杰有和孩子进行一些哲学讨论的机会，但是他忽略了。他和发荷交谈的唯一兴趣，就是确定发荷关于梦的概念，并将这个孩子划定至某一阶段。

在我看来，皮亚杰和发荷这次交流中最触动我的是，皮亚杰似乎对困惑相当麻木。假定一个类似情况的梦，一个人怎么能问另一个人（成人或孩子）“当你睡着时，是梦在你身上，还是你在梦里”这样的问题？或者在面对“两种情况都存在——我在梦里，梦在我身上”这样的回答时，怎么会不感到一丝困惑呢？发荷是困惑的。但皮亚杰则不是。

我们大致已知道，孩子或认为思考是一种内在语言，或认为思考是一种物质，皮亚杰将孩子对思考的这两种观念仅仅看作一个儿童智力发展中某个阶段的特征。他认为成人在认识思考时是不会产生疑问、困惑或者迷惘的。他没有好好思考以探讨“早期阶段”的观念，也不准备深入探讨“成人”的观念。因此，他关于智力发展阶段的观点，很难解释为什么成人应该回归至他们年轻时候的观念。

实际上，皮亚杰宣称在孩子身上发现的所有观念和概念，都能引发哲学的思考。而且，他划分的三阶段中，第三阶段孩子所产生的观念并不明显地比前两个阶段所产生的更充分和更符合要求。

有些人对哲学的困惑非常麻木。在他们看来，对世界越了解，越没有什么值得困惑的。从《儿童关于世界的概念》一书来判断，皮亚杰就是这样的一个人。相反，对于像我这样对思考、意义、梦、生命、意识（这些都是皮亚杰书里提到的主题）等众多事物感兴趣的人来说，孩子的幼稚话语和涂鸦（就像发荷的一样）能够开启一次与孩子或者其他人的有意义的小对话，帮助彼此找到走出困惑之路。

细想一下发荷的画。就像他自己所说，发荷在画里“出现了两次”。从某一方面说，他是该这么画。毕竟，他整个做梦的时间是躺在床上的，在整个梦境里，他又是站在床外，站在那个坏蛋对面的。但是，一个人怎么能同时出现在两个地方呢？

只是简单地说某事某物对于哲学很重要，某事某物对于孩子很重要，哲学就从孩子开始了。但皮亚杰疏忽了这一点。

① Jean Piaget, *Play, Dreams, and Imitation in Childhood* (New York: W. W. Norton, 1951); *The Origins of Intelligence in Children* (New York: International Universities Press, 1952); *The Construction of Reality in the Child* (New York: Basic Books, 1954); *Child's Conceptions of the World.*

② Jean Piaget, *The Child's Conception of the World*, p.7.

③ Jean Piaget, *The Child's Conception of the World*, p.10.

④ Jean Piaget, *The Child's Conception of the World*, pp.37–38.

⑤ Jean Piaget, *The Child's Conception of the World*, pp.38–39.

⑥ P. T. Geach, *Mental Acts* (London: Routledge & Kegan Paul, 1957); John B. Watson, *Behaviorism* (New York: W. W. Norton, 1970), chap. 10.

⑦ William James, *The Principles of Psychology* (New York: Dover Publications, 1950), Vol.1, chap.9.

⑧ Jean Piaget, *The Child's Conception of the World*, pp.38, 43–44.

⑨ Jean Piaget, *The Child's Conception of the World*, p.27.

⑩ Jean Piaget, *The Child's Conception of the World*, pp.166–167.

⑪ Jean Piaget, *The Child's Conception of the World,* pp.167–168.

⑫ Jean Piaget, *The Child's Conception of the World*, pp.110–111.

⑬ Jean Piaget, *The Child's Conception of the World*, p.91.

五　故事

Stories

如果说皮亚杰这位最早知名的甚至可以说是最伟大的认知发展心理学家都对幼童的哲学思维缺乏敏感的话，那么还有谁是敏感的呢？[1]当然，我认为不是其他的发展心理学家，也不是教育理论家。那到底是谁呢？

回答可能令人惊讶。那就是儿童文学作家，至少是一部分这样的作家，他们几乎是成人中最为难得的一个群体，认识到许多孩子天生就对哲学问题很感兴趣。

就拿《森林大熊》（*The Bear That Wasn't*）来说，故事是这样开头的：

> 很久以前，实际上那是一个星期二，大熊站在大森林的边上，仰视天空。在高空远处，一群大雁正往南飞。然后他注视着森林里的树木。绿叶已经开始枯黄，纷纷从树枝上飘落下来。他知道随着大雁南飞和叶落归根，隆冬即将来临，白雪将覆盖整个森林，该是躲进洞穴冬眠的时候了。他就这样进了洞穴，冬眠起来。[2]

在接下来的故事中，大熊洞穴周边的环境发生了变化。工人们带着“图纸、地图以及测量仪器”来了。他们到处勘测、调查并绘图。然后更多的工人到来了，带来了“挖土机、电锯、拖拉机和斧头”。他们挖啊、锯啊、拖啊、砍啊，活跃在“每一个角落”。

一阵近乎疯狂的忙乱之后，地上崛起了“一座宏伟的巨型工厂，刚好建在大熊洞穴的顶部”。事实上，这个工厂在春天大熊冬眠醒来之前就投入生产了。

大熊醒来时，迷迷糊糊地扫视了下自己的洞穴和洞口。睡眼蒙眬地，他朝洞口走去，走出洞外，走进“春日的暖阳”。呈现在他眼前的，是令他“震惊”的景象：

> 由于睡意仍重，他的眼睛半睁着。但他的眼睛很快就无法再这样半开半闭了。忽然，他把眼睛睁得大大的，直愣愣地看着前面。
>
> 森林哪里去了？
>
> 草地哪里去了？
>
> 树木哪里去了？
>
> 花儿哪里去了？
>
> 发生什么事情了？他是在哪儿呢？

大熊往外看到的工厂情景和他记忆所及的全然不同了。这使他得出结论，认为自己一定还在做梦：

> “我一定是在做梦，”他说，“一定是这样，我正在做梦。”因此他闭上眼睛并拧了自己一把，然后慢慢地睁开眼睛四下环顾。巨大的建筑物仍然在那里。这不是梦，这是真的。

你完全可以想见大熊当时是多么的吃惊。谁能不吃惊呢？不过大熊确定他到底是不是在做梦的方法（“闭上眼睛并拧了自己一把”）很难让人信服。

虽然很难，但并非不可能，至少有个叫约翰·奥·纳尔逊（John O. Nelson）的哲学家曾论证说，大熊的方法是有效的。[③]

然而，这个方法确实不可靠，确实不起作用。假使大熊不知道他是否真的醒来了，那他大概也不知道自己真的拧了自己一把，也不知道自己仅仅是在做梦。

有没有更好的方法呢？有没有一个更可靠、更行之有效的方法来断定一个人是醒着还是在做梦呢？

《森林大熊》这个故事的作者，弗兰克·塔什林（Flank Tashlin），在判断一个人是否正在做梦上，绝没有用其他一些更为有效的方法来替代他想入非非的判断方法。然而，这一判断方法并不是他故事中唯一一处涉及哲学关照的地方。

这个故事的英文标题本身就有一种哲学的意味。书名 *The Bear That Wasn't* 中所用的谓语 Wasn't 可以理解成“不存在”（不及物用法），也可以理解成“不是这样的”（连系动词用法；比如，“不是一只熊”或者“不是那熊原来想的那样”）。正是由于“to be”一词既可作连系动词用，又有不及物的用法，这引发了前苏格拉底时期的哲学家巴门尼德最先开始关于“不存在”的哲学讨论。④

在塔什林《森林大熊》故事里，车间主任、总经理、第三副董事长、第二副董事长、第一副董事长、董事长都坚持认为他们面前的不是一头熊。相反，他们说，他是一个“穿着毛皮大衣的大懒蛋，需要刮刮胡子了”。他们希望他回去工作。如果这些人是正确的，假使站在他们面前的不是一头熊，那么这一切其实仅是个幻觉，实际上并不存在故事里所告诉我们的那样一头熊。

随着故事的发展，大熊自己也开始怀疑自己是不是一头熊了。他之前坚定地认定自己是一头熊，为什么现在就缺乏自信了呢？之前他是基于什么认定自己是熊的，现在又是基于什么开始产生怀疑了呢？假使他从未有过充分的理由认为他是熊，那他怎么可能承认自己曾经是熊呢？我们每个人又是基于什么来认识我们平时所说的和所想的呢？动物园里的熊嘲笑说："不，他不是一只熊，因为如果他是一只熊，他不可能和你们一起待在笼子外面。他应该和我们一起待在笼子里才对。"这话告诉我们，我们声称拥有的众多知识其实只是因循惯例而已。

因此可以说，《森林大熊》一书中产生的哲学论题，至少包括四个：梦与怀疑；存在与不存在；表象与实质；认知的基础。

当然，我无意倡言《森林大熊》是一篇哲学论述，更无意说它是一篇伪装的哲学论文。它根本不是一部哲学作品，只是一个儿童故事。不过它的风格，我们称之为"哲学的奇思妙想"，主要在于以荒诞的形式提出了一系列为哲学系学生所熟悉的基本的认识论和形而上学的问题。《森林大熊》这个富含哲理的故事是"哲学的奇思妙想"风格中一个相当棒的典型，其实这种写作风格在儿童文学中也并非不常见。

这一风格的第二位驾轻就熟者是莱曼·弗兰克·鲍姆（L. Frank Baum），广受欢迎的《绿野仙踪》（*The Wonderful Wizard of OZ*）⑤一书的作者。虽然鲍姆的其他作品中也许能找出比《绿野仙踪》更好的奇思妙想的例子，但是《绿野仙踪》中至少有一段故事相当完美地诠释了我所认为的“奇思妙想”，即铁皮人讲述自己的过去。

读过未删改版《绿野仙踪》的读者都知道，铁皮人最开始也是一个有血有肉的青年樵夫。在受到恶女巫不断的残害和截肢后，他缓慢地发生了变化，先是用铁皮代替了四肢，然后整个身体都变成了铁皮，最终，他成为了一个铁皮人。他的故事与寓言《提修斯之船》非常相似。一艘船一块一块地替换掉腐烂失修的船板，最后，所有的船板都被换成新的了。正如提修斯之船一样，问题是，在所有的船板被一块块换成新的过程中，为什么最初的船不复存在了？⑥

然而，在这个耳熟能详的困惑之外，铁皮人的故事又增加了两个要素。一个要素是，樵夫的血肉之躯一部分一部分地被替换成了铁皮。（当然，就提修斯之船来说，是用木头替换木头。）材质的改变影响我们直觉地去判断一个东西在改造的过程中是否存活了下来，尤其是当昭示最初血肉之躯实体存在的肌肉、骨骼等均被替换了之后。铁皮人似乎很少称自己是一个人（假设故事中所有芒奇金人都是人类），因而也很少说自己就是之前的那个樵夫，他是完全由“代替筋骨的铁皮”组成的一个生命体。（如果用柔软易塑特别是仿生材质来替换血肉筋骨，会怎么样呢？）

第二个新的要素是铁皮人的记忆。提修斯之船当然是不可能记得任何事情的，相反，铁皮人在回忆自己的故事时，讲出了自己如何逐步转化的过程。自从约翰·洛克（John Lock）第一次提出将记忆力作为个人认同的一个准则后，哲学家在讨论时对记忆是十分重视的。[7]

第三位在儿童文学中对“奇思妙想”风格驾轻就熟者是詹姆士·瑟伯（James Thurber）。在他受人喜爱的作品《公主的月亮》（*Many Moons*）[8]里，瑟伯描绘一个国王为了让他的爱女莱诺雷（Lenore）恢复健康，努力去满足她想得到月亮的愿望。“如果我能得到月亮，”她告诉国王，“我就会康复。”不幸的是，不论是宫内大臣，还是皇家魔法师，抑或是皇家数学家都不能帮助国王满足莱诺雷公主的要求。国王大怒，随后陷于失望的深渊。只有宫廷小丑想到去问问莱诺雷公主，她认为月亮有多大，有多远：

> “您觉得月亮是多大的？”
>
> “它比我大拇指盖稍微小一些，”她说，“因为当我对着月亮，竖起大拇指时，它刚好遮住月亮。”
>
> “那月亮有多远？”宫廷小丑问道。

“它还没有我窗外的树高，”公主说，“因为有时候，它会挂在最高的树枝中间。”

听了这些回答，宫廷小丑就要皇家金匠铸成“一个小而圆的金月亮，仅比公主莱诺雷的大拇指小一点点”，同时将它系在一条金项链上。

看起来，大多数儿童都曾努力去思考过在远处看到的物体的实际大小（犹如前面章节提及的约翰·埃德加想知道当飞机飞上高空后，飞机里的一切会不会变得更小）。关于厄休拉的两件事（前文介绍过她）也提出了同样的问题：

厄休拉（3岁6个月）和她的父母乘坐火车下山，穿过一条狭小的隧道时，他们所坐的地方正好能够清晰地看到前方隧道的圆形出口。厄休拉说：“啊，快看，这出口看起来只一丁点儿，为什么这样小？”

在瑞吉·克尔姆（Rigi Kulm）山上，瞭望伯纳斯·奥伯兰（Bernese Oberland）的全景。厄休拉的父亲指着少女峰（Jungfrau）说：“那上面有幢房子。”厄休拉说：“这么小，人怎么能在那上面住。”⑨

在读了《公主的月亮》的故事后，哲学家似的自命不凡的读者只不过会对莱诺雷公主的天真付之一笑，接着就忙其他事去了，这样的读者尤以家长为多。但是如果愿意多加思考的话，瑟伯的这个美丽故事其实提出了很多问题，关于感觉、幻觉、实际大小、实际距离等等，这些也是二百五十年来哲学家一直很感兴趣的主题。[10]

第四个奇思妙想的典型故事是 A. A. 米尔恩的《小熊维尼》(*Winnie—the—Pooh*)。书中有个地方讲兔子正在解释他要去抓袋鼠宝宝小豆（Baby Roo）的计划。袋鼠妈妈问："小豆在什么地方？" 其余人必须说："啊哈！"

> "啊哈！" 小熊维尼开始练习着说起来。"啊哈！啊哈！……当然，" 他继续说，"即使我们还没有抓到小豆，我们已会说 '啊哈' 了。"
>
> "维尼，" 兔子和气地说，"你一点脑子也没有。"
>
> "我知道。" 维尼谦逊地说。
>
> "我们说 '啊哈'，袋鼠妈妈就会知道我们晓得小豆在哪儿。'啊哈' 的意思是 '我们会告诉你小豆在哪儿，要是你同意走出森林，永不回来的话'。现在我正在动脑筋，请别说话。"

维尼走到一个角落里，用同一种声音试着说“啊哈”。在他看来，有时候这声音正像兔子所讲的意思，有时又不像。“我估计练习好了就是那个意思，”他想，“我捉摸袋鼠妈妈也要经过练习才能懂得它的意思。”⑪

一个字词本身的意思正好就是我们想让它表达的意思，这是刘易斯·卡罗尔《爱丽丝漫游奇境》中矮胖子（Humpty Dumpty）所持的观念，或许可以称之为“矮胖子语意理论”（Humpty Dumpty theory of meaning）。下面是《爱丽丝漫游奇境》中关于此讨论的一个精彩段落：

“这对你来说多光荣啊！”

“我不懂你说的‘光荣’是什么意思？”爱丽丝说。

矮胖子轻蔑地笑了：“你当然不懂——让我来告诉你。我的意思是‘你有一个极好的让人无法反驳的理由’。”

“但是‘光荣’这词并没有这样的意思。”爱丽丝抗议说。

“当我用一个词时，”矮胖子以更为蔑视的口吻说，“它的意思正好就是我想让它表达的意思——不多不少，刚刚好。”

“问题在于，”爱丽丝说，“你能不能用词语表达多种多样不同的意思。”

“问题在于，”矮胖子说，“哪一个能被熟练应用——那是最重要的。”⑫

让矮胖子的语意理论看起来相当在理的是一种自然的观念，这种观念认为，当说话者喃喃念出或者写作者写出这个词时，他们脑子里产生的思想或记忆图像，正好就是这个词在特殊场合使用时所具有的意思。

路德维希·维特根斯坦（Ludwig Wittgenstein）在他的《哲学研究》一书中，对矮胖子语意理论以及自然与之同在的有关思维和意义的观念，给予了相当多的关注。以简短的篇幅，他驳斥了这个理论："我能说‘不不不’(bububu）即意为‘要是不下雨，我将出去散散步’吗？——仅只在一种语言中，我能用此物意指彼物。文法上很清晰地表明，‘意指’(to mean）并没有‘想象’(to imagine）和‘相似’(the like）的意思。"⑬

儿童文学中第五个“奇思妙想风格”的典型故事，我要列举艾诺·洛贝尔（Arnold Lobel）所创作的相当杰出的故事集《青蛙和蟾蜍》。其中《青蛙和蟾蜍——好伙伴》（*Frog And Toad Together*）一书或洛贝尔其他作品中的众多故事，多处都对语言、生活和人类本性作出了讽刺的评论。我最喜爱的一篇是《饼干》(*Cookie*)，故事大概是这样的。

青蛙和蟾蜍开始吃蟾蜍烤制的饼干。他们吃呀吃，直到青蛙塞满了一嘴，然后说："我想我们该打住了，不然我们会得病的。"蟾蜍表示同意，不过希望能再吃最后的一块；他们这样做了，吃下了最后一块饼干。青蛙说他们需要的是意志力。蟾蜍问："什么是意志力？"青蛙回答说："意志力就是硬着头皮不去做你心里很想做的那件事。"青蛙把剩下的饼干放进一个盒子，宣布他们再也不吃了。蟾蜍说："不过我们可以打开盒子。""那倒是真的。"青蛙承认。青蛙拿来一架梯子，把盒子放到高处的搁物板上。蟾蜍提醒道："不过我们可以爬梯子。"最后，青蛙不顾一切地把剩下的饼干全都拿出去喂了鸟。"我们现在不再有饼干可吃了，"蟾蜍伤心地说，"连一块都没有了。""是的，"青蛙说，"不过我们得到了许许多多的意志力。"⑭

意志的观念和由此派生的意志力的观念，二者都是哲学上让人争论不休的问题。有的争论涉及决定论，困惑究竟决定论和自由意志是否相容。有些争论涉及意志薄弱或者缺少意志力的问题。

青蛙说意志力是"硬着头皮不去做你心里很想做的那

件事”。这样的看法是相当令人困惑的。如果你真的想要做一件事情，你将不会竭力阻止自己去做。另一方面，如果你真的阻止自己去做，那可能是因为你内心其实并不想做这件事。因而，青蛙所说的缺乏意志力（事实上，我们所有人都缺乏）呈现出来就类似内心欲望的冲突。蟾蜍很想停止吃饼干，但是，他也想继续吃下去，这种愿望甚至因为抑制而更加强烈。

在这一点上，我们可以很容易将蟾蜍看成一个欲望的集合体，既有停止吃饼干的欲望（眼下不是那么强烈），也有继续吃的欲望（非常强烈）。假设蟾蜍接下来继续吃饼干，谁该受责备呢？停止吃的欲望，由于它太软弱？或者想继续吃的欲望，由于它过于强烈？或者责备哪种欲望过强过弱的这种行为很愚蠢吗？由此可以看到，欲望就是这样强烈，这就是事情的结局。

当使徒保罗（Saint Paul）说“若我去做所不愿意做的，就不是我做的，乃是住在我里头的罪做的”（《罗马书》7：20）时，他认同自己的善良愿望，否认其他的不善愿望，视其为不相容的、破坏性强的力（罪）。但是，不正是此人，保罗，他坏的冲动和善良的冲动同样多吗？不正是他的潜意识和超越自我一样多吗？

洛贝尔讲述的这个关于青蛙和蟾蜍的可爱而可笑的故

事，引发我们去思考缺乏意志力的现象，并且和自柏拉图至今以来的众多哲学家一道努力去理解它（《尼各马可伦理学》，bk.7）。这一现象非常常见，却很难清楚地弄明白。

① 我相当坚定地认为皮亚杰对幼童的哲学思维极度缺乏敏感，可以参见卡尔·默奇生（Carl Murchison）所编《儿童心理学手册》（*A Handbook of Child Psychology*, Worcester, Mass.: Clark University Press, 1933）第二版修订本收录的一篇早期论文《儿童的哲学》（"Children's Philosophies"）。该文前两段即指出：

"不用说，孩童实际上根本没有研究出任何哲学，准确地说，他们绝没有试图让他们的思考体系化。即使在谈及关于原始社会之神话的'野蛮人哲学'时泰勒错了，我们在谈论儿童哲学的时候也只能用比喻的方式来谈。

"然而，不管孩子在自发地谈论自然、头脑、万物起源的众多现象时怎样地缺乏逻辑和连贯性，我们都应该注意到，他们有着许多一以贯之的特点，不断地在进行新的思考。我们应该可以将这些连贯性的特点称为'儿童哲学'（第 534 页）。"

我坚持我的看法。

② Frank Tashlin, *The Bear That Wasn't* (New York: Dover Publications, 1946), unpaginated. 这本书给了瑞士的约克·史坦纳（Jörg Steiner）以灵感，后者于 1976 年借用这个故事，创作出儿童作品《森林大熊》（*Der Bär, der ein Bär bleiben wollte*; *The Bear Who Wanted to Be a Bear*），赢得众多赞誉，中文版《森林大熊》已出版。

③ John O. Nelson, "Can One Tell That He Is Awake by Pinching Himself?" *Philosophical Studies* 17 (1966): 81–84. See also Michael Hodges and W. R. Carter, "Nelson on Dreaming a Pain," *Philosophical Studies* 20 (1969):43–46; and Jay Kantor, "Pinching and Dreaming," *Philosophical Studies* 21 (1970): 28–32. 这是几篇论述拧自己一把和做梦之间关系的哲学论文。

④ Montgomery Furth, "Elements of Eleatic Ontology," *Journal of the History of Philosophy* 6 (1968): 111–132; see especially pp.111–113.

⑤ L. Frank Baum, *The Wonderful Wizard of Oz* (New York: Dover Publications),1960. 这是莱曼·弗兰克·鲍姆奥兹国 (OZ) 系列故事中的第一部，中文译名除常见的《绿野仙踪》之

外，还有《奥兹国的魔法师》等。莱曼·弗兰克·鲍姆之奥兹国系列故事共 14 部，上海译文出版社 1990 年首次以 14 册单行本的形式出版了全集，并沿用了第一部的叫法，将整个系列命名为“绿野仙踪全集”。后续二十一世纪出版社、文汇出版社等在推出奥兹国系列全集时都称为“绿野仙踪”。新蕾出版社 2003 年版以“奥兹国经典历险故事”作整个系列的名字，以“魔法师”为第一部故事的名字，并未沿用“绿野仙踪”这一经典叫法。

⑥ 这个古老的故事提出了许多哲学论题，对这些论题的讨论参见下面这篇论文。Roderick M. Chisholm, “The Loose and Popular and the Strict and Philosophical Senses of Identity,” in *Perception and Personal Identity*, ed. N. S. Care and R. H. Grimm (Cleveland: Case Western Reserve University Press, 1969), pp.82–106.

⑦ John Locke, “Of Ideas of Identity and Diversity,” *An Essay Concerning Human Understanding* (New York: Dover Publications, 1959), Vol. 1, bk. 2, chap. 27, pp.439–470.

⑧ James Thurber, *Many Moons* (New York: Harcourt Brace Jovanovich, 1971), unpaginated. 该书初版于 1943 年，获 1994 年凯迪克金奖。书名更准确的意思是“许多月亮”，中文版译为《公主的月亮》(南海出版社 2011 年版)，本文译笔与之略有不同，请读者自行参照。

⑨ Susan Isaacs, *Intellectual Growth in Young Children*, pp.360–361.

⑩ 参见简·奥斯丁在《理智与情感》中关于“月亮看起来不比一个六便士大”的讨论。

⑪ A. A. Milne, *Winnie-the-Pooh,* p.91. 参见 A. A. 米尔恩所著《小熊维尼》，有数个中文译本可供参考。

⑫ Lewis Carroll, *Alice's Adventures in Wonderland & Through the Looking-Glass*, p.186. 参见刘易斯·卡罗尔所著《爱丽丝漫游奇境》和《爱丽丝镜中奇遇记》，有数个中文译本可供参考。

⑬ Ludwig Wittgenstein, *Philosophical Investigations*, p.18. 可参见维特根斯坦著，韩林合译:《哲学研究》，商务印书馆 2013 年版。

⑭ Arnold Lobel, *Frog and Toad Together* (New York: Harper & Row, 1972), pp.30–41. 艾诺·洛贝尔创作的“青蛙和蟾蜍”系列故事在美国是家喻户晓的经典之作，共四册，分别是《青蛙和蟾蜍——好朋友》(1970 年)、《青蛙和蟾蜍——好伙伴》(1972 年)、《青蛙和蟾蜍——快乐时光》(1976 年)、《青蛙和蟾蜍——快乐年年》(1978 年)。参见艾诺·洛贝尔著，艾诺·洛贝尔绘，潘人木、党英台译:《信谊世界精选儿童文学: 青蛙和蟾蜍》，明天出版社 2009 年版。本处译笔与之略有差异，请读者自行参照。

六　幻想

Fantasy

前一章里提及的所有故事，都是儿童文学中典型具有新奇幻想和冒险探索情节的故事。布鲁诺·贝特尔海姆（Bruno Bettlheim）在其广受关注的著作《魔法的运用：童话故事的意义和重要性》（*The Uses of Enchantment: Meaning and Importance of Fairy Tales*）中，雄辩地论述了幻想对幼童发展的重要性。[1]贝特尔海姆是不是也认可故事能够激发幼童哲学思维的发展呢？

回答是“不是”——一声响亮的“不是”。要知道为什么，就要仔细考虑以下几种看法：

> （1）对原始人来说，太阳是有生命的，因为它发出光，溪流有生命也有意志，因为水在流。
>
> （2）现实主义的解释常常令原始人难以理解，因为他们缺乏弄清这些事物所需的抽象认识能力。
>
> （3）描述“现实”世界的“真实”故事是以一种不同于原始人的思维方式展开的，同样，童话故事中的超自然事件也是以不同于文明人的思维方式发展的。

（4）原始人的感情，要么是极端失望，要么是极度快乐，要么处于最黑暗的地狱深渊，要么站在欢乐之巅，而没有任何中间过渡。

（5）18世纪认为原始人纯真无知、头脑简单，这种看法可能会受到某些人的质疑，但是文明社会所独有的怜悯不公正的想法，原始人的确还不能理解。

假如有人接受以上这些看法，哪一种该受到鼓励呢？

当然，有人可能被原始人的社会和文化所吸引。就像前面论述的那样，之所以产生困惑和兴趣，是因为原始人与我们不同。不过按实说，真要希望和原始人很好交往，恐怕是不可能的，至少也要有一个较长时期的适应过程。最重要的是，我们要带着谦虚的心态，很自然地去看待原始人和他们的社会与文化。如果“关于现实世界的真实故事”与“原始人的思维方式大不相同”，“文明社会所独有的怜悯不公正的想法，原始人还不能理解”，那么很明显，原始人该受到同情（也可能是被敬畏）。

我希望我的读者会震惊地了解到，上述所列五条关于原始人的看法几乎就是贝特尔海姆关于儿童的看法。事实上，我就是从贝特尔海姆《魔法的运用》一书中摘录的，只是将他论述中的主体——儿童转换为了原始人：

（1）对于8岁的儿童来说（引自皮亚杰的例子），太阳是有生命的，因为它发光（同时也可加一点，它发光是因为它愿意）。在认定万物皆有灵的儿童看来，石头是有生命的，因为它能动，它能滚到山下去。甚至一个12岁半的孩子也相信溪流是有生命，有意志力的，因为溪水在流动。

（2）现实主义的解释常常令儿童难以理解，因为他们缺乏弄清这些事物所需的抽象认识能力。

（3）描述“现实”世界的“真实”故事是以一种不同于青春期前孩子的思维方式展开的，同样，童话故事中的超自然事件也是以不同于成人的思维方式发展的。

（4）儿童的失望情绪是压倒一切的，因为他不懂得逐渐调节情绪，要么处于最黑暗的地狱深渊，要么站在欢乐之巅，因而在他感觉将遭灭顶之灾的当头，唯有许诺最为完美的永恒幸福才能消除他的恐惧。

（5）切斯特顿（G. K. Chesterton）认为儿童纯真无知，头脑简单，这种看法可能会受到某些人的质疑，但是他绝对正确地察觉到，成人所独有的怜悯不公正的想法，儿童的确还不能理解。[2]

我认为这些归纳概括在事实上是不成立的，从伦理上说也是不得人心的。这些既不成立又不得人心的看法是怎样产生的呢？主要原因就在于一种自以为高人一等的优越感，一个人持这种态度去处理与其他人的关系是相当不合适的。在我看来，贝特尔海姆的论述就体现了这种优越感。

一天，我和我的学生正在讨论无限所带来的困惑，商讨该怎样对儿童所提出的有关无限的问题作出最好的答复。一个学生提出异议，认为这种讨论毫无意义，因为不满 12 岁或 12 岁上下的孩子，还无法掌握无限这个概念。为了支持她的论点，她引用了贝特尔海姆确信幼童“缺乏弄清‘立足现实主义进行的解释’所需要的抽象理解力”的观点。她回想起了贝特尔海姆著作中的一段内容：

> 1973 年秋，报上发表了关于科胡特克彗星（Comet Kouhotek）的新闻报道。在那时，有一位称职的科学教师对一小部分智力较高的二年级和三年级学生解释这颗彗星的情况。每个孩子都仔细地用纸剪出一个圆，画上绕着太阳转的行星系统；再剪出一个椭圆，表示彗星的轨道，与圆之间相隔一条缝粘在一起。孩子们向我展示这颗彗星正以一种角度向行星靠近。我提问

他们的时候，孩子们向我展示这个椭圆，告诉我他们手里拿着的是彗星。当我问他们手里拿着的彗星怎么可能也在天上时，他们全都面露尴尬。

带着不解的困惑，他们转而询问老师，老师仔细地向他们解释：他们手里拿的，经他们辛勤劳动做出来的，只是彗星和行星系统的模型。孩子全都承认他们已经懂得这一点。要是再向他们提问，他们就重复这句话。不过这么一来，他们对之前拿在手里的、非常自豪和珍爱的圆形—椭圆形星系完全丧失了兴趣。有人把它弄皱了，有人把它扔进了废纸篓。对他们来说，这本来就是彗星，准备带回去给家长看的，可是现在对他们来说，已经不再有意义了。③

顺便提一下，值得注意的是，模型的概念是哲学研究中十分有趣和内容丰富的主题。许多已经写出的学术论文和书籍都涉及这个题材，我确信，今后还将有更多。我们所谈的模型和图片的语意仍然没被完全理解。近年来对这个题材的探讨变得越来越重要，因为这么多的自然和社会科学现在都需要用模型来构思，如原子模型、人类思维模型、自由市场经济模型等等。

“当我问他们手里拿着的彗星怎么可能也在天上时，他们全都面露尴尬。”由此可见，贝特尔海姆本人或者其他成人，都没有从模型概念上发现一些有趣的地方或者疑问之处。

想象一下这些对话：“现在我手里拿的彗星同时也在天上；它可以在南北半球被观测到，不过那边架子上的彗星，已经在一个世纪前燃烧掉了。”这是带着点智慧的谈话，不过这怎么可能呢？

怎么可能拿在我手里的彗星同时也在天上呢？这似乎是贝特尔海姆已经问过的问题，问得如此嘲讽和蔑视，无论换作我们谁，面对这个问题都会很羞愧和尴尬，从而将模型弄皱或者将之扔进垃圾桶。如果是探询式地、诱发式地或游戏式地提问，一定可以使问题进入一个引人入胜的探究境地，即开始涉及形而上学或认识论视野中的模型。

附带说一下，瑟伯的《公主的月亮》描写了宫廷小丑和莱诺雷公主间的一次愉快交谈。小丑问莱诺雷，月亮怎么能够既挂在你脖子的项链上，又能从你的窗口隐约看到呢。公主用一系列诗意的比拟进行答复，使人感到欣悦，同时也激励我们去作进一步的思索。

现在回到刚才提及的我的课堂、贝特尔海姆的论点，回到是否和孩子们讨论有关无限的悖论真的是浪费时间的问题。

几天之后，另一名学生作了关于迈克尔的报告，前面第三章中曾提及这个孩子，他为探究宇宙无限的问题操了很多心。我想这个事例对于惯以高人一等的视角来看待儿童的贝特尔海姆来说是最为有效的回击了，我无法想象还能有什么其他更有效的方式。

假设一个人和贝特尔海姆一样，花费如此多的职业时间和孩子在一起，最后怎么能推测出这些孩子智力发展水平有限呢？我能做的就是集中精力去理解格言“个体发育是系统发育的重演”（也就是说，个体的发生或发展概括了整个种族发展的诸阶段）。贝特尔海姆，与他之前的弗洛伊德一样，假设这一格言是对人类发展的真实概括，也发现它是引人注目的一种规范性理想。事实上，他确实是以规范性和描述性来看待的：

> 个体所希望的，是在他的生命中重复科学思想起源的进程。在很长一段历史中，人使用源自他不成熟的希望和焦虑而生的心理投影——例如诸神来解释人类自身、人类社会以及宇宙。这些解释给了他安全感。然后慢慢地，随着社会的、科学的和技术的进步，人在实际生活中摆脱了经常性的恐惧。他感到在世界上更有安全感了，同时在内心开始怀疑过去用作解释工具的幻想是否正确。从此人的“孩子气的”心理投影消失了，代之以更多的理性解释。

> 转化为人类行为的话，一个人在世界上越感到安全，一定越不需要抓住“孩子气的”心理投影——给生命中存在的永恒问题蒙上神秘的色彩或进行童话阐释，而更多地努力寻求理性的解释。④

哲学，就我们所知，它在西方文化中起源于公元前6世纪，在小亚细亚的沿海，就是现在称之为土耳其的一带。最好去问一下像贝特尔海姆那样的重演论者，“在儿童的发展中，他何时开始探索哲学”，假使回答是“不需要等到青春期，是在儿童第一次能产生抽象思维的时候”，我要说的是，就我所知，相比12岁或者14岁的孩子，五六岁也可能是7岁的儿童更有可能提出哲理性的问题，并作哲理性的评论。产生这种现象的原因是相当复杂的。

一种解释是，这种现象的产生和哲学的本质有关。许多哲学问题，也许绝大多数哲学问题，都具有天真而素朴的特性。孩子天生就是纯真无邪的，因而很容易提出哲学问题，而成年人（包括大学生）在拿起他们的第一本哲学书时则必须着力去培养提出这样问题的能力。

另一种解释是，这种现象的产生与人类社会把孩子转变为成人的社会化进程有关。成人常常阻止孩子提出哲理性问题，先是自以为是地对待他们，次则引导他们好问的头脑转向更加“实用”的探索。大部分成人本身对哲学问题毫无兴趣。他们可能觉得某些问题甚至挑战了自己。而且，虽然对于大多数成人来说不可能是普遍现象，但确实孩子们提出的很多问题，他们没办法提供明确的答案，甚至标准字典或百科全书也没办法解答。

因此，认为孩子是在青春期才开始探索哲学的观点是难以置信的。那么说时间更早些，5 岁或 6 岁？一个假设孩子在一定的年龄会复演哲学开始的重演论者，一定比贝特尔海姆更多地尊重幼童的思维。我只能假定贝特尔海姆是这样一个重演论者，他忽略了哲学是从种族发展而来，因而也就忽视了作为个体的孩子的发展。[5]

贝特尔海姆认为幼童必定是智力发展前的原始人，这一观点是简单的二分法，类似他的《魔法的运用》一书中采用的童话和现实故事的二分法。应该着重强调的是，我赞同贝特尔海姆关注富有哲理性、有关存在主义的众多童话故事的热情。我也一定程度上认同他对所谓的现实主义故事的蔑视，认为其缺乏文学的、心理学的和存在主义的关怀。但不管怎样，我震惊于任何一位儿童文学创作者都假设儿童文学领域被清楚地划分为两个部分，一个是充满哲学洞见和自我启发的童话故事，一个是对于儿童生活毫无真正意义的现实故事。那么冒险故事呢？侦探小说呢？神怪故事呢？传记呢？诗歌呢？长篇小说呢？历史小说呢？

第五章里讨论的几个故事虽然不是童话故事，但是属于幻想文学作品。我将此类写作风格称为“哲学上的奇思妙想”。也许，我还可以称之为“智力探险故事”。我的看法是，这些故事提供了不同于日常生活的情景，甚至是一个我们根本就不熟悉的世界，激发我们去思考，去参与哲学家所称的“思想实验”（Gedankenexperimente）。通过思想实验，我们可以很好地追踪各种概念上的联系，可以反复思考哲学上的难题。这正是这些故事期待他们的读者去做的。

接下来提供的几个智力探险故事也是很有帮助的，主要想强调它们作为思想实验或者思想实验线索的特点。

我脑海里首先想到的最为简单的幻想故事是伯纳德·韦斯曼（B. Wiseman）的《麋鹿莫里斯》（*Morris the Moose*）。这个故事是这样开头的：

> 有一天，麋鹿莫里斯看见一头母牛……
>
> 他说：“你是只模样可笑的麋鹿！”
>
> 母牛说：“我是母牛，不是麋鹿！”
>
> “你有四条腿和一条尾巴，你头上又长了东西，你是一只麋鹿！”

“但是我说起话来是：哞！”

麋鹿说：“我也能说哞！”

母牛说：“我给人牛奶，麋鹿不能那么干！！！”

“所以说，你是给人牛奶的麋鹿！！！”

母牛说：“我的母亲是母牛！”

“因为你是一只麋鹿，她一定也是一只麋鹿！”⑥

随后，莫里斯和母牛又遇见一只鹿，这只鹿认为他们三个都是鹿。然后莫里斯、母牛和这只鹿一起走到一匹马那儿，这匹马热情地欢迎他们：“你们好，马儿们！”

这个故事里的思想实验是简单的，然而也是深刻的。假使有人把一只麋鹿叫作一头母牛，或把一匹马称作一只麋鹿，那么错在哪里？什么地方错了？

不妨把它扩大一点，这个问题是一个区分本质属性和非本质属性的问题。莫里斯的本质属性是他无法弃之而还能继续存在的属性，也可以说是他根本不可能丢得掉的属性。相反，他的非本质属性是可以弃之而还能继续存在的属性，是他可能根本就没有过的属性。

对麋鹿来说，就像莫里斯讲的，其本质属性是“头上长了东西”吗？如果是这样，那么一匹马绝不是一只麋鹿。不过假使“头上长了东西”只不过是非本质属性，那么莫里斯可能是一匹长有角的马，或者一匹马只是一只“光头”的麋鹿。

本质属性和非本质属性的问题是一个形而上学的问题。它也可能作为一个分类学问题被提出来。事物的分类是否有一套明确的方法？假使只有唯一的正确方法，我们怎么知道那方法是什么？（这个问题带领我们进入了认识论。）

要能够具体讨论生物学的分类法，需要知晓相当多的有关进化论和生物世界多样性的知识，包括什么和什么相配等。然而，分类学的原则和它们提出的哲学论点，也可以作为非生物学上的例子一起来进行讨论。

一天傍晚，吃过晚饭，我向我的家人提了一个问题：

> 你能想出类似下面这样的两个问题吗？
> 一辆自行车是否就是少了一个轮子的三轮车？
> 一条蛇是否就是一只没有腿的蜥蜴？

反馈即刻就来了：

> 一辆自行车是否就是一辆没有发动机的摩托车？
> 一张椅子是否就是一把没有弧形腿的摇椅？
> 一条短裙是否就是没有上身的连衣裙？
> 柠檬水是否就是没有酒精的柠檬啤酒？

马粪是否就是没有特定效果的肥料?

猩猩是否就是没有尾巴的猴子?

老鼠是否就是没有翅膀的蝙蝠?

这些稀奇古怪的问题可以导致分类学上有关实践和哲学问题的一场思想性讨论，因此就能够进行像《麋鹿莫里斯》这样一种愉快的思想实验。

我要举出的第二个智力探险故事，是一个叫作《一只脚是多长？》(*How Big Is a Foot ?*)的小故事。故事讲一个国王，他再也想不出能送点什么给他的皇后（“她什么都有了”)，就发明了床，并命人做了一张，想让她舒服些。工匠问床应该做成多大，国王便叫皇后躺下，用脚步测量后说：“六脚长三脚宽。”不幸的是，木匠的脚要比国王的小得多，因此用木匠的六脚长和三脚宽标准做出来的床，对皇后来说实在太小了。[7]

这次的思想实验是让人推想，要是世界上没有标准度量衡将怎么样。

有关范例的概念提出了自柏拉图以来诸多有趣的哲学论题。举例说，一标准英尺就必须是一英尺长，美国华盛顿特区计量局规定的标准码尺必须是一码长。为什么《一只脚是多长？》这个故事这样具有哲学趣味，一方面是因为它产生了做一只标准脚的想法（在故事中，一位“著名的雕工”雕刻了一只大理石的国王脚），但也并不仅止于此。

当我将这个故事读给两个6岁大的孩子——阿比（Abby）和希瑟（Heather）听时，我讲到其中这样的一段：

> 皇后的生日越来越近了，国王犯了愁：
>
> 他将送什么礼物给一个已经什么东西都有了的人呢？
>
> 国王想呀，想呀，想呀！
>
> 突然，他有了主意！
>
> 他将送给皇后一张床。
>
> 因为那时候床还未被发明，所以皇后没有床。
>
> 因此，即使什么都有了，但不会有一张床。

我和阿比、希瑟讨论了“发明”一词的意义。我告诉他们：“发明是指创造过去并没有人做过的东西。”

> 阿比：你是说那个时候还没有床。
>
> 我：根本没有床。
>
> 希瑟：那么如果皇后连一张床都没有，就不能说她什么都有了。

阿比：是的，她并不是什么都有了。

阿比：（在沉思后，改变了想法）嗯，要是那时还没有发明床，那可以说她什么都有了。

希瑟：不，她没有床，因此她并不是拥有一切。

阿比：哦，可能她拥有当时存在的一切。

是否出现的每一个未经限定的“一切”都暗含着一种限定？拥有一切的皇后拥有的是否是当时所存在的一切？更合理点说，她有着那时候已经存在的她期望拥有的每一种东西。罗素曾经提出：“事物之全体的概念，或者实体和存在之整体领域的概念，从某种程度上说是不合理的，本质上是和逻辑学相对立的。”⑧假使真是这样，那么最好应该假设“一切”总是有着暗含的限定性。尽管皇后并没有一张床，但她的确拥有一切，正如希瑟所解释的，拥有当时存在的一切（另外，我们可以补充一下，拥有她想要的一切）。

《奥兹玛公主》（*Ozma of OZ*）是弗兰克·鲍姆另一部智力探险小说，故事的开头说，多萝西（Dorothy）和她的同伴，一只会讲话的名叫“比利娜”的母鸡，由于船只失事漂到一个奇怪的小岛。不久他们在那里发现了一棵老树：

> 树上满是方纸盒，一簇簇长在树枝上，在最大和最成熟的盒子上，你能看到清晰的“午餐”字样。看来这棵树一年四季都会结果，因为其他许多树枝上正开着午餐盒子花，有些很小的午餐盒子颜色还太绿，很明显还不能食用，要等它们长得再大点才行。
>
> 这棵树的叶子都是餐巾纸，在饥肠辘辘的小女孩眼里呈现一副非常惹人喜爱的模样。[9]

多萝西从树上摘下一个午餐盒子。她发现里面有一个火腿三明治、一块海绵蛋糕、一根腌菜、一小块新鲜奶酪，还有一个苹果。接着他们便讨论这只特别的盒子是否已经完全成熟了。

这种奇怪的思维也许激发自一种愤怒的喊叫：“你觉得午餐会长在树上吗？”总之，故事的设计意图是显而易见的：想象一个能够自然长出午餐盒子的世界，这装满着火腿三明治、蛋糕等美味食物的午餐盒子原本是最为常见的人造产物。作者弗兰克·鲍姆启发我们去思索一个有机的生产过程能生产什么，不能生产什么。

有人会说，这本书的主题是区分自然界的和人为制造的差别。当多萝西和她的朋友遇到岛上奇特的住户“车轮人”（Wheelers）时，这一主题得到进一步展开和深化。

书中是这样描绘“车轮人”的：

> 它有人的形象，但是它走路，更准确地说是滚动，要靠四肢，它的腿和手臂长得一样长，看起来很像是一只四条腿的野兽。虽然多萝西发现它不是野兽，因为这个人穿着最华丽多彩的绣花衣服，洋洋得意地歪戴着一顶草帽。但是它和常见的人是不一样的，它没有手和脚，连接手臂和小腿的是圆圆的轮子，靠着这些轮子，它在平地上滚动得非常迅速。后来，多萝西发现这些古怪的轮子其实和我们人类的手指甲和脚趾甲的材质一样。她也知道了这一奇特的种族生就是这副古怪的模样。[10]

车轮是人类最基本的发明之一，它不是对自然的直接模仿。找遍自然界也找不到一个车轮。为什么没有呢？这明显激起了弗兰克·鲍姆的好奇心，他希望他的读者也一起对此进行思考。

后来多萝西和她的伙伴遇到一个生了锈的机器人，他身上的标签写着：

> 由铁匠制作的机器人。
>
> 使用双开合页专利设计，反应灵敏，能进行创造

性思考，具有完整语言能力。

配备有我们特殊的钟表发条装置。

能思考，能说，能动，能做各种事情，但它没有生命。⑪

机器人的用法说明如下：

要它思考：旋转左臂下的发条（一号发条）。

要它说话：旋转右臂下的发条（二号发条）。

要它走路和动作：旋转后背中间的发条（三号发条）。⑫

让树上长出午餐盒子，让四条腿的动物四肢长出轮子，这些模糊了有机物和人工制品之间的界限，现在弗兰克·鲍姆想象那些宣称毫无生命的人工制品可以像人类一样思考。这样的幻想相当具有哲学启发性和哲学趣味性。它引发我们去思考一个机器人能否造得具有思考能力。假使可能，那么怎样来表明机器人是在思考，而不是在简单模仿人类的行为，像人类那样说话？假使不可能，那是为什么？弗兰克·鲍姆提出了以下这些问题：

“我先旋转哪一个发条呢？”她问，又看了看卡片上的用法说明。

“我想该是一号发条。”比利娜回说，“这是要叫他思考，是不是？”

“是的。”多萝西一边说，一边旋转起左臂下标号为一的发条。

“他看来没有什么变化。”母鸡评论道。

“噢，当然没有，他现在仅是在思考。”多萝西说。

“我感到好奇，他不知正在想什么。”

“我扭动发条让他说话，他也许会告诉我们的。”多萝西说。

因此她就旋转了二号发条，这钟表人立刻就说话了，身子完全不动，仅是嘴巴在动：

“早——上好，小——女孩。早——上好，母鸡太太。”

吐出来的这些话有些粗哑并带着吱嘎声，声调完全一样，表情没有任何变化，不过多萝西和比利娜母鸡全能理解。⑬

弗兰克·鲍姆的故事充满了奇遇，且大多很有创意。他带领我们去探索一片幻想的土地，很自然地也引领我们去探索身边的真实世界。自然界能否长出一种午餐盒子，甚至是一种上面印着“午餐”两个字的午餐盒子呢？一种类似“午餐”二字的图案，如果它被发现自然地生长在一棵可以采食的树上，其意思就是“午餐”吗？机器人没有生命却能思想吗？弗兰克·鲍姆通过给我们讲一个奇幻的故事，提出了以上种种以及其他更多的哲理性问题。

贝特尔海姆在《魔法的运用》一书中，以弗洛伊德的观点对我们曾经听过的每一个童话故事以及从没有听过的许多故事进行了适当的阐释。作为弗洛伊德文学评论的尝试，贝特尔海姆的著作是一本具有艺术成就的作品。

也许贝特尔海姆能给《奥兹玛公主》一种弗洛伊德学派的阐释。不过假使对《奥兹玛公主》作精神分析学派式的阐释，它具有的深长意义也无法尽述。这样的阐释也不足以解释为什么奥兹国系列故事能在儿童文学中占据看似永恒的位置。这些故事也称得上是奇妙的智力探险故事。

正如贝特尔海姆书中着重指出的那样，幼童是极度情绪化的生物。不过还不止于此，他们同样是有思想权利的人。一个儿童，如果其文学食粮只是情感特别丰富的故事，而没有智力探险故事，那么发展将是非常不利的。这样的方式，也是贝特尔海姆不欣赏的。

① Bruno Bettelheim, *The Uses of Enchantment: The Meaning and Importance of Fairy Tales* (New York: Alfred A. Knopf, 1976).

② Bruno Bettelheim, *The Uses of Enchantment: The Meaning and Importance of Fairy Tales*, pp. 46, 47–48, 53, 126, 144.

③ Bruno Bettelheim, *The Uses of Enchantment: The Meaning and Importance of Fairy Tales*, pp. 48–49.

④ Bruno Bettelheim, *The Uses of Enchantment: The Meaning and Importance of Fairy Tales*, p. 51.

⑤ 要谈论让·皮亚杰，是件很复杂的事。虽然他在早期的《儿童的哲学》一文和其他文章中指出，儿童的思维和早期哲学家的思维有很多相似之处，但他也说“我们在谈论儿童哲学的时候也只能用比喻的方式来谈”（见本书第五章注释 1）。而且，正如我在本书第四章所要极力阐明的，皮亚杰在《儿童关于世界的概念》一书中表现出了对哲学困惑的无知无感，当然进而也就忽视了幼童所进行的真正的哲学思考。奇特的是，皮亚杰关于青少年的言论显示，真正的哲学应该最初出现在青春期。例如以下论述：“相比儿童，青少年可以独立构建体系和‘理论’。儿童不能构建体系。儿童所拥有的是无意识的或前意识的感觉，这些是没有办法公式化或者明确表达的，儿童本人并不是据此来‘思考’的，但旁观者能够理解这些。换句话说，儿童的思考是很具体的，他一个问题一个问题地单独处理，并不会抽象化出一种普遍适用的原则，并利用任何概括性理论来整合他的众多解决办法。相对来说，青少年的明显特征就是对理论问题感兴趣，对日常生活的具体问题不感兴趣……最为令人吃惊的是，青少年能够游刃有余地阐释抽象理论。有些人会将之写出来，他们可能创造了一种哲学、一种政治宣传册、一种美学理论，或诸如此类的东西。有些人不写出来，他们用嘴说……到 11—12 岁这个年龄段，思考都只是‘具体的’……如果让这个年龄段的孩子推理一些简单的假设，他会立刻退却到学龄前儿童的前逻辑直觉。”（“The Mental Development of the Child,” in *Six Psychological Studies*, ed. David Elkind [New York: Vintage Books, 1978], pp. 61–62.）我发现很难严肃地采用这些主张。我所能做的，只是尽可能多地提供一些可资讨论的儿童趣言趣事，以证明皮亚杰的观点是不合理的。

⑥ B. Wiseman, *Morris the Moose* (New York: Scholastic Book Services, 1973), unpaginated. 伯纳德·韦斯曼著《麋鹿莫里斯》是一本可以教孩子认识论的书，目前尚无中文版，英文原版很容易获得。

⑦ Rolf Myller, *How Big Is a Foot?*(Bloomfield, Conn.: Atheneum, 1962), unpaginated.

⑧ Bertrand Russell, *Principles of Mathematics* (New York: W. W. Norton, 1903). 伯特兰・罗素《数学的原理》初版于 1903 年，至今仍然是数学基础研究发展史上的一座里程碑。

⑨ L. Frank Baum, *Ozma of Oz* (Chicago: Rand McNally, 1907), p.27. 此书中文版译为《奥兹玛公主》，是弗兰克・鲍姆创作的奥兹国系列故事的第三部作品。

⑩ L. Frank Baum, *Ozma of Oz*, p.32.

⑪ L. Frank Baum, *Ozma of Oz*, p.43.

⑫ L. Frank Baum, *Ozma of Oz*, p.44.

⑬ L. Frank Baum, *Ozma of Oz*, p.46.

七　焦虑

Anxiety

现在，面对孩子提出的哲学问题或所作的哲学议论，很多读者都有兴趣去给予哲理性的答复。但是应该怎么做呢？是否需要接受一定的哲学培训呢？

和孩子做哲学（do philosophy），或者和其他人谈哲学，简单地说就是思考某一特定事件所产生的困惑和概念性问题，看看是否能消除这种困惑或解决这个问题。有时候，这些困惑和问题得到了满意的答案，有时候则得不到解答。有时候，这样的思考让人更加明了的仅仅是，原来我们对某事某物是这样可怕地不了解。

专业哲学家为了解决哲学问题发展了诸多方法。事实上，使用特定方法是很有用的。然而，哲学家变得太执着于他们的方法，反而看不到问题和困惑所在了。因此，能够娴熟运用特殊的方法来解决哲学问题有可能是一个优势，也有可能是一种妨碍。

哲学家也需要研究其他哲学家的著作，学习他们是如何谈论哲理性的问题和困惑的。理想的情况是，涉及特定哲学问题的文学作品是信息含量极大的文本，如果能好好研读掌握，有助于得出答案，想出解决办法。但是，这个方法也并非总是奏效。有时哲学家全神贯注于别人对观点的阐释，就会失去他们自身一开始对问题所具有的兴趣。再者，他们前辈光彩夺目的意见，会成为沉重的压力，使他们开始对自己能否提出有价值的意见失去信心。

因此，成为专业哲学家的确有优势，但是期望取得的优势也可能转变成或进化为一种劣势。无论如何，业余哲学家做哲学，应该和一个业余网球手打网球一样正常，不应感到过多的难堪。最重要的是，一个人在想问题时，不应该受此前一些伟大的思想家已经思索出的推论影响，这会破坏自己一开始莫名产生的难得的兴奋感。

做哲学的基本要求是理解力、极度的耐心和思考的意愿（哪怕是去思考那些很明显最简单、最基础的问题）。要具备理解力，一个人应该对语言和相关概念有良好的把控能力。

要成功地和孩子一起做哲学，成人需要放下全部的戒备。要是孩子问的字我不会写，问的关于将华氏温度换算成摄氏温度的题我不会做，我会感到有些难堪。但是面对孩子关于说谎的提问，坦承自己没有准备好去分析说谎的概念，面对“梦是什么”的问题，坦承自己没有一个很好且有帮助的答案，我觉得不应该感到尴尬。相反，我们成人应该寻求孩子的帮助，一起努力寻找一个满意的答案。

在和孩子探讨哲学困惑时，成人既有正面的促进作用，也会产生负面的妨碍，于是成人和孩子之间形成了一种非常特殊的关系。成人的语言能力远优于孩子，至少对专业术语的理解能力更强。但是孩子以其对一切都感到新鲜的眼睛和耳朵，更能发现困惑和问题。最为重要的是，孩子有着一定的自然举动和率真行为，这是成年人难以企及的。成人和孩子各自发挥所长，做出一定贡献，因此对困惑的探究很容易成为一次真正的强强联合事业。很少会有其他什么事能让成人和孩子这样奇妙地相处。

面对孩子，一些成人基于自身知识和经验上的优势，会无意识地产生傲慢感。当然，也有一些成人喜欢抓住机会顺势去探究一番，哪怕只是几分钟，但若不是孩子表现出兴趣和好奇提出这样的问题，他们是全然想不到的。

这里，我要特别提示的是，我一直假定我所讨论的这些哲学问题和评论都是由情绪健康、安全感好的孩子提出的。虽然这样的假设可能站不住脚。但甚至一个经常信心满满和安全感极强的孩子，都可能有焦虑的时刻，这时他会以哲学家的口吻说出一些话语或提出困惑。我们成人，无论是孩子的父母、老师还是朋友，都应该敏感地注意到这一点。当然，回应孩子的提问，成人不应该觉得他们是生活在真空中的，应该时常体现出对他们的关爱和理解，有时甚至更应该关注他们的情绪，而忘记其中所蕴涵的哲学和寓意。

然而，很多时候，成人应该相信孩子是能够冷静处理他们遇到的问题的。甚至在怀疑他们的话语和提问带着很大的情绪时，成人也最好不要将此仅看作一种情绪宣泄，而应当认真对待他们提出的问题，尊重他们，将他们视为一个真正的人。

例如，下面这个问题成人就应该慎重对待：

> 约翰（6岁）正仔细地思索一个事实，除拥有书本、玩具、衣服之外，他有两条手臂、两条腿和一个脑袋。这些都称之为**他的**玩具、**他的**手臂、**他的**脑袋，等等。他问道："哪一部分的我算是真正的我？"

这个问题是在家里养的狗死后不久提出的。约翰可能一直在思考死、活与个人身份认同的问题。毫无疑问，他意识到一个人失掉一条手臂，或者一只狗失去一条腿，并不妨碍这个人、这只狗继续活着。通过当时和他的谈话，我判断约翰真正感兴趣的问题是，你身体的哪一部分是绝对不能失去的，失去之后，你便不复存在了。

也许提出类似问题的孩子，那一刻并没有足够的安全感去客观公正地探究有关身份认同和生存的问题。但这并不意味着孩子提出的问题可以被忽视或者回避。如果孩子感到心烦意乱，逃避他的问题也只会加深他的忧虑。

如果你是孩子的父母，你所信奉的宗教信仰这时候会开始起作用。如果你没有宗教信仰，也不是孩子的父母，应该妥当地采取别的方式使之安心。但是，必须记住的是，有时候成人有意采用一些方式想让孩子安心，结果却适得其反。许多事例告诉我们，不论孩子会作何反应，诚恳地考虑他们提出的问题是最重要的、最适当的。

其实，我们所有人内心都潜伏着对生与死的焦虑和恐惧感。有时候，我们刻意避免让孩子谈论死亡，只是想简单地让自己回避这一话题。①

约翰的问题非常富于启发性，体现了众多的思路，我将重点探究其中的两条。

约翰当然不同于他的玩具、他的书甚至他所穿的衣服，他是独立于它们的。也许有人会说，约翰的本身仅只是他洗澡时带进水里的身体（我的一个学生曾经这样写道）。

但是，假设约翰要剪指甲或者要理发。当我们扔掉剪下的指甲或者扫掉剪下的头发时，我们是扔掉或者扫掉了一部分约翰吗？当然不是！这些指甲和头发，在他们被剪下的那一刻，就已经不再是约翰的一部分了。

约翰的右臂是他的手臂，约翰的脑袋是他的脑袋。这些都属于约翰所有，约翰能否将自身与手臂或脑袋割裂、独立？如果可以的话，他真能把自己和他的手臂、他的腿、他的脑袋甚至他的躯干割裂开吗？事实上，难道不是灵魂拥有人的躯干吗？果真如此的话，他可能不仅可以扔掉剪下的指甲和头发，甚至可以扔掉他整个的躯干。

许多人应该是这样认为的。这可能源自他们所持的宗教信仰。也许这有利于约翰见证这种宗教信仰。

还值得注意的是，能够准确表述“我的身体”并不能证实我是可以独立于我的身体而存在的。这一点需要更为深刻的理解。

首先考虑一下类推法。（这在讨论哲学时非常有用。）假设我们有一张简单的四脚方桌。它有它的桌面、它的桌子腿。这里的主语“它”是什么？这张桌子除了桌面和桌子腿之外，不再有其他的组成部分。也就是说，我们在正确表述“它的桌面”和“它的桌子腿”时，并不是说这张桌子是独立于它的桌面和桌子腿而存在的。（当然，在和约翰的谈话中，所有这些都会慢慢弄清楚的。）

当然，所谓代名词的“所有格”（“它的”“她的”或者“他的”），表达的是一种所有关系（“它的食物”“她的玩具”“他的书”)。但是这些所有格也能用于表达部分和整体的关系(“它的桌面”“她的脑袋”“他的腿”)。同样,动词“有”可以表达所有关系(“约翰有一个玩具”),也可以表达整体和部分的关系(“这张桌子有一个桌面”)。当然,所有这些也会在与约翰的谈话中慢慢弄清楚。

约翰的问题——“哪一部分的我算是真正的我”,仍然没有答案。

我之前提及,约翰似乎一直在思考一个人可以失去身体的哪一部分后仍然能正常存在。这个思路很容易转变为思考最初的事物一点一点被替代后是否仍还存在。一个人的哪一部分被替换后,这个人还是当初那个人?一件事物的哪一部分被替换后,这件事物还是原来的那件事物?第五章在谈到铁皮人和提修斯之船时,讨论话题直接和这个新问题相关。

桌子的问题也类似提修斯之船,只是更为简单而已。在桌子的各个部分被一点一点替换之后,很难找到一个明确的点,来确定原来的老桌子是什么时候变得不再是那张桌子了。

那么具体到约翰呢?能不能找到一个明确的点,说在对器官和四肢进行系统的替换之后,呈现在面前的约翰是一个全新的人?我估计大多数人都会把这个点设定在大脑被替换的时刻。顺着这个思路，将会得出这样的结论：约翰的大脑才是真正的约翰。基于和他进行的其他交谈，我认为约翰本人比较满意这个结论。但就我而言，我却并不能确定答案。

① 有时我们认为是在儿童身上发现的焦虑其实是我们自身焦虑的投射，我们可以有趣地去回忆在第三章里当迈克尔被问到关于死亡时的反应。

八　淳朴

Naiveté

凯瑟琳（4岁左右）在集市得到一个氢气球。但是一不小心，气球飞走了，她非常难过。晚上上床后，她让妈妈留在房间，问她那个气球现在会在什么地方。“它现在会在哪一个城市的上空呢？佛蒙特吗？”妈妈回答说：“我也不知道它在哪里。可能没有飞到佛蒙特那么远吧。”凯瑟琳若有所思地说：“哦，你要知道，天空只有一个，并不是三个。”

到底有几个天空呢？这个问题相当古怪。从字面上看，它和“到底有几个大洋呢”的问题没啥区别，但是，不同的是，它是一个翻遍地图集和百科全书都找不到答案的问题。事实上，它更类似“到底有几个月亮呢”这样的提问。没有任何气象学和天文学方面的图书能告诉我们到底有几个天空。这个问题真的是相当怪异。

航空公司鼓励我们“在友好的天空中飞行”，没有告诉我们到底有几个天空，或者它们的航线图到底覆盖了几个天空。

我们常以不同的方式来划分天空。我们会说早晨的天空、傍晚的天空，描述早晨的天空雾蒙蒙的，傍晚的天空非常晴朗。星象观测者的指南中可能会描绘夏季的天空、冬季的天空，也许是夏季午夜时北部高纬度的天空，或者是黄昏刚过时的天空。也有人说苏格兰的天空与地中海的天空很不一样。

那么这些分类中所表达的天空到底是什么呢？首先它是某一个观察者在某一个地方、某一个时间能够看到的头顶上方的半球，其次是在这个半球上所能看到的一切。如果将天空理解为在地球表面某一点的上方所能看到的穹顶，那么我们可以说存在很多很多不同种类的天空，事实上，其数量是无穷无尽的。

也有人常说，天空是城市天际线上方包裹地球的大气层。人们常常形容某物离开地面，升至建筑物和树木的上方，然后飞上了天空。这种意义的天空，有且仅只一个。

稍加变化的话，可以说天空是地球天际线上方的晴空。如果是这样，那么雾散云开之时，人们就可能看到天空。

最初我认为“到底有几个天空”这个问题很怪异，但我居然给出了这么多种回答。接下来我要给出的回答应该是哲学层面的，或者说至少是能引发哲学思索的。借用上面我所表达的两三种关于大气层、晴空的理解，我们可以对凯瑟琳说，天空只有一个，并不是三个。但是运用穹顶的概念来理解的话，我们可以说天空的数量是无穷无尽的。

凯瑟琳对于天空数量的思考，亚里士多德也曾经作过，他提出论据证明天空仅只有一个。他也提出天空（ouranos，乌拉诺斯）有三种解读（《天论》278b10）。尽管亚里士多德在《天论》中讨论的这些现在成了物理学、化学和天文学的研究领域，但是凯瑟琳关注的却不是这些。

大多数人都不会自问或者问他人：到底有几个天空呢？他们在年纪很小时就明白这可不是“到底有几个大洋”那样正常的问题。

但是像凯瑟琳这样的孩子却并不明白这是一个不合常规的问题。他们带着天真无意中闯进了哲学王国。这种天真不是成人刻意去培养的。孩子并不觉得提出古怪的、幼稚可笑的诸多问题有什么不妥。但这些问题常会被扔进废纸篓，哲学家会提醒自己去翻捡回来。

我们应尝试将天真和哲学、天真和诗歌对接起来。

在《儿童关于世界的概念》的第一章，皮亚杰询问 6 岁左右和 10—11 岁两个年龄段的孩子词语是否是强有力的。[①]皮亚杰希望 6 岁左右年龄段的孩子回答“是的，有些词语是强有力的”，希望 10—11 岁年龄段的孩子回答“不，词语不是强有力的”。他之所以希望孩子这样回答，是因为他认为孩子一开始分不清词语和词语所指意思、标志和标志所指事物之间的差别，他们的困惑只有在学会掌握和理解这之间重要的差别后才能消除。因而，他相信，孩子会将“风”这个词与真实的风混淆起来，认识到真实的风可能是强有力的，所以得出结论说“风”这个词可能是强有力的。皮亚杰认为随着年龄的增长，孩子会慢慢学会对这些进行归类，最终会明白，尽管有些词语本身并不是强有力的，但是以它们命名的事物却是强有力的。

词语是强有力的吗？有些是的。一个愤怒的顾客可能会言辞激烈地向商店经理投诉，甚至是恶言厉色的。一位英语教师可能会说她的学生偏爱盎格鲁-撒克逊语，而不是源自拉丁语的词语，因为后者柔弱，前者强劲。这个老师说的是对的。短词短句常常是强有力的，长词长句的力度则要弱化很多。

“强有力”本身是一个非常有力量感的词，这并不是因为它的形象强壮有力。事实上，在接受皮亚杰测试的孩子中，有位孩子就指出“强有力”这个词是强有力的，但是她没有机会去解释为什么有此看法。

除了是一个强有力的词语，“强有力”还有很多复杂的意义和应用。以下这些事物可以说都是强有力的：公牛、起重机、阳光、色彩、茶、辩论、定罪、习俗、某种商品市场、不规则动词和海潮。

成人很自然地假定一个词（比如“强有力”）有一个基本的字面意思，还有多种形象化的比喻意义，这些比喻意义主要是对字面意思的相关引申。我想皮亚杰就是这样做的。“举重冠军”从字面上来说是强有力的，然而，愤怒顾客的话语、煮沸的茶则从形象上看是强有力的。

事实上，要列举和分类所有带强烈色彩的词（如“强有力”）是相当困难的一个任务。要弄清哪一处用的是字面意思，哪一处用的是比喻意义，也是很有难度的。想采用一种有效方式，将字面意思的运用和比喻意义的运用关联起来，也几乎是不可能的。

可能没有人能完全清晰地、连贯地讲出字面意思与比喻意义之间的差别，这需要随着年龄的增长慢慢领会。一旦领会了，我们就会对一个词语的各种意义之间到底用何种奇妙的、复杂的方式相互关联失去天然的好奇心。

幼童会很明显地发现，一匹马和一杯茶可以说是强有力的。给以机会和鼓励，孩子可以写出一首诗，以梳理和赞颂这种奇怪的事实。或者给以一种不同的刺激或推动，孩子可能想知道是否那些强有力的词就表达了强有力的情感，是否那些强有力的情感就能推动人们去采取强有力的行动。我们的文化中，那些板着一副生硬面孔的学术论文会大量使用词语的比喻意义（包括明喻和暗喻），长期浸染其中，孩子慢慢也会感受不到词语的魅力，可惜的是，对词语的这种敏感正是可以激发、推动诗歌和哲学的。

要写诗或做哲学，一个青少年或者一个成年人必须培养天真，才可能对那些日常生活中我们习以为常的谚语、目睹的事实产生怀疑，进行深思。相比孩童自然的天真，刻意培养的天真也有很多优势。重要的一点，它不会轻易受到那些后天习得的知识的干扰。但是，这两种天真还是有着很大差别的。正是因为这样，孩子的诗和成人的诗是不同的，孩子所涉及的哲学也绝不就是成年人所谈论的哲学，两者差异迥然。

为了证明哲学在现代生活和社会中占有重要一席之地，德国著名哲学家罗伯特·施佩曼（Robert Spaemann）建议我们把哲学构想成“制度化的天真”（institutionalized naiveté）[②]。大致推测起来，要制度化培养天真，必须提供一个有制度化保障的环境，激励身处其中的人们提出一些相当简单的基本问题——我们大多数人都会觉得相当幼稚的问题。我想，罗伯特·施佩曼的建议至少在下面三个方面是相当有帮助的。

首先，他的建议部分推论了为什么在现代社会中给哲学留一席之地是一件困难的事。因为哲学家给人的感觉是，总在问一些没有人想去回答的问题，总在告诉我们一些没有人想知道的东西。谁会需要他们呢?

其次，它帮助我们看清了在现代社会中给哲学留一席之地是非常重要的一件事。人情练达会增进学识、提升品位，但也会导致人在思维和语言上过度专业化、感受力滞钝、自负满满。每个社会都需要一位赤足的苏格拉底像孩子一般提出简单的（以及困难的）问题，迫使社会中的每一个成员去重新检视他们想都不想却认为理所当然之事。

最后，罗伯特·施佩曼对天真的看法也是适当的。孩子的天真是天生的，不是任何制度化激励的结果。因而，依罗伯特·施佩曼的看法，我们可以期待，哲学也将能在孩子身上自然产生，至少是某一些孩子。的确是这样的。

① Jean Piaget, *The Child's Conception of the World*, pp.55–60.

② Robert Spaemann, "Philosophie als institutionalisierte Naivitaet," *Philosophisches Jahrbuch* 81 (1974): 139–142.

九　对话

Dialogues

在讨论哲学和幼童时，我重点选取了一些简短的儿童趣事，这会给人一种错误的印象，认为孩子对于哲学问题的关注是零散的、间歇性的。当然，有些孩子对哲学问题的关注的确是一阵儿一阵儿的。但是也有明确的迹象表明，孩子在思考这些事情时是非常持之以恒的，例如前面章节提及的关于水果是否还活着的思考，以及下文将要提及的我儿子约翰所进行的思索。

有一天晚上，吃过晚饭，9 岁的儿子约翰问，我们怎么能知道法语单词 la table 是什么意思（当时他一直在学校学法语）。

“它的意思是‘桌子’。”他的姐姐解释道。

“但是我们是怎么知道的呢？”约翰坚持问。

“首先注意一件事，‘la table’看起来像英文单词‘the table’。”他姐姐提示道。

约翰回答说：“我知道，但是它们可能并不是同一个意思啊。我们怎么知道‘la table’就是英文单词‘the table’

的意思呢？”

“可以去查词典啊！”姐姐答复说。

约翰思考了一分钟，问道：“但是编写词典的人又是怎么知道这个词的意思的呢？”

约翰的姐姐耐着性子解释说，当别人指着一张桌子，然后嘴里说“la table”时，你就知道了。

约翰还是不满意。然而，当时的情境不太适合进行哲学探讨。至少在那一刻，约翰的姐姐对约翰的问题根本不感兴趣了。从她给出的果断答复可知，如果不想她丢面子的话，似乎没有别的方式能让她对此也产生疑问。我想继续和约翰讨论这个话题，但是必须等到只有我们两个人的时候。

第二天早上吃完早饭，屋里只剩下了我们两个。约翰清楚地解释说，他并不满意昨天晚上姐姐说用手指着桌子就能解释“la table”的意思，因为他认为用手指这一行为很容易造成误解。

约翰问：“你怎么知道指的不是桌面或者桌子的颜色呢？”

我们稍微谈到了一点哲学家所谓的“指称的歧义性”（用手指出一个字或者一个词的意思时所造成的歧义）。我向约翰保证，接下来我将在睡前故事时间和他一起阅读一本这方面的书。

接下来的几个晚上，约翰在睡觉前阅读奥古斯丁的《论教师》(*De Magistro*)，这是奥古斯丁和他的儿子阿德奥达图斯（Adeodatus）之间有趣的小对话。在谈及语言、词语定义的相关困惑时，书里有几个地方就指称的歧义性进行了很棒的讨论。其中一个讨论是说让一位捕鸟人做出捕鸟的实际动作，应该可以证明“捕鸟”一词的意思，讨论结束处奥古斯丁说道，事实上，如果观察者智力发育正常的话，他最终能够理解捕鸟这一动作，并知道“捕鸟”一词的定义（10.32）。约翰似乎找到了一个很好的回答。他推论，如果一个人足够聪明的话，他最终能够推论出“la table”的意思。

尽管这一“高见”并没有掩藏我们所有的合理忧虑，但是约翰在睡前故事时间不再阅读《论教师》了，我们也好几个月不再谈论语言或者词语的定义了。然而有一天，我和约翰开车从市中心回家。

“这个世界真有趣。”他突然大发感慨。

“是啊，”我回答道，“你有许多可以消遣的。”

“不，”约翰说，“我的意思是世界上的很多东西理解起来很有趣……比如那些路标……‘最高车速30’……词语是怎样来表示其意思的呢？”

一开始，我压根没有理解困惑约翰的是什么。我一个接一个地提出了好多猜测，但约翰都不置可否。

最后，他终于开口说："就拿'中心'这个词说吧，它到底是什么意思？"

我说："我可以提出一个解释它的词，比如说'中间'。"

"好吧，"约翰回答，"那'中间'又是什么意思？"

"我想再提出一个可以解释它的词。"

"好吧，"约翰接着说，"你能够给出更多的词，但是你怎么知道它们中任何一个词的意思呢？"

"你刚才想问的就是这个问题吧？"我问，"假设我们来到一处古代文明的废墟。我们在一堆碎石砖瓦中找到了看起来像字典一样的东西——众多的词语整齐排列着，后面看起来像是对词语所做的定义。可以看到，其中'ablubaglub'被定义为'afister starterer'，'that'被定义为'pinkerlaverstan'，等等。但是，即便你理解了所有的含义，甚至随便考你一个词语的意思，你都能一口气说出其正确的定义来，你仍然不清楚任何一个词是怎样来定义自己的。这就是你提的问题吧？"

显然，我对这个困惑产生了极大的兴趣。我也根本不必对约翰施加任何的心理压力迫使他认可这个就是他要问的问题。

"是的，"约翰说，"仅仅用词语来解释词语，事实上根本没有告诉我们它到底是什么意思。”

总结这次谈话，我觉得最好还是应该再看一遍《论教师》。看起来，约翰对用手来指出字词的意思还是很有疑问。否则他会愿意承认，如果有人向我们指出了一件东西，那么我们就既了解了这件东西，也了解了命名这件东西的符号——词语。

但这次我们不再直接去读《论教师》中的一些内容，而是努力试着用约翰自己的话语来重写相关的对话部分，以引出约翰所焦虑的问题。连着好几个晚上，在睡前故事时间我们都在做这件事。我先读一部分《论教师》的文字，然后我们两个一起把约翰提供的一些合适的例子编写进去。下面就是我们以这种方式编写的一些对话：

约翰：说话到底有什么用呢？

爸爸：我猜想主要有两个用途：要么是教给人东西，要么是学习东西。

约翰：好吧，我们说话是为了让别人知道一些东西。如果我想让你知道我饿了，那么我说“我饿了”。（他想了想。）如果我说“嗨”，我也是想让你知道点什么。

爸爸：你说“嗨”的时候，是想让我知道什么呢？

约翰：我就是想让你知道……哦，让我想想……

我想让你知道我想说“嗨”。(他哈哈笑起来!)不,我想让你知道我喜欢你。对了,刚才提到说话的另一个用途是啥?

爸爸:是学习东西。

约翰:我们都是怎么实现的呢?

爸爸:比如当我们提出一个问题的时候?如果我想知道你是否饿了,我会问你:“你饿了吗?”

约翰:但是你同时没有让我知道什么吗?

爸爸:我让你知道什么了?

约翰:你让我知道,你想弄清我是否饿了。

爸爸:那么你的意思是说,我们说话总是在教给人东西吗?

约翰:是的。

爸爸:那么唱歌呢?唱歌的时候难道不需要歌词吗?

约翰:是的,经常会需要。

爸爸:如果你唱麦当劳的广告歌词“麦当劳都是为你”,你要教给我点什么呢?

约翰:……让你知道在麦当劳,他们所做的一切都是为了你。

爸爸:你经常唱的那首改编的《铃儿响叮当》,又是要告诉我们什么呢?“叮叮当,叮叮当,蝙蝠侠的味道。罗宾下了一个蛋。蝙蝠车丢了轮子。小丑逃走了。”

约翰：哈哈，蝙蝠侠、罗宾、蝙蝠车、小丑，简直是大杂烩啊。

爸爸：你真正想让我知道的是门铃响了呢，还是蝙蝠侠的味道？

约翰：不，我在拿蝙蝠侠与罗宾开玩笑。

爸爸：假如你给自己唱一首歌，你是否让你自己知道些什么？难道不是你事先已经全知道了吗？

约翰：可能就是想让自己知道唱得怎么样呗。

爸爸：会不会就是为了好玩，不是为了让自己知道点什么。

约翰：可能是吧。但是你唱歌也让自己知道了你内心的感受。

以下是我们模拟《论教师》中的对话而写的：

奥古斯丁：你觉得我们遣词造句到底有什么用途呢？

阿德奥达图斯：这一刻我能想到的回答是，我们想教给别人东西，或者我们想学习东西。

奥古斯丁：第一条我完全同意，因为很显然，我们说话是为了让别人知道一些东西。但是我们以什么方式来表示我们愿意学习呢?

阿德奥达图斯：当然是提问了。

奥古斯丁：好吧，我理解了，说话是为了让别人知道一些东西。那么在提问时，你除了想让别人去思考你想知道答案的问题，是否还有别的原因?

阿德奥达图斯： 没有。

奥古斯丁：也就是说，我们说话时，并不想得到什么，只是让别人知道一些东西。

阿德奥达图斯：也不完全是这样。如果说话使用了词语，那么我们唱歌时也一样。我们常常独自一个人唱歌，并没有其他人在场。我不认为我是想告诉别人什么东西。

奥古斯丁：我认为这也是一种教别人东西的方式，而且是很重要的一种方式，它让人想起一些东西。我相信这一点在下面的谈话中将会更加明晰。当然，如果你认为我们并不是靠记忆来学习，或者提醒我们回想一些东西的人并不是在教我们，那我也不强迫你接受。我认为我们使用词语，要么是为了教别人或自己，要么是为了使别人或自己想起一些东西。唱歌也是这样。你认为呢?

阿德奥达图斯：我不这么认为。我唱歌很少是为了让自己想起什么，只是简单地让自己快乐。[①]

对这样的模仿对话我不太满意，尽管它的确模仿了奥古斯丁，而且部分地方是直接引用的原话。但是，很难区分出里面哪些是模仿奥古斯丁对话的，哪些是我和约翰觉得有趣和合适而添加的。比如，约翰最后说的那句话——“但是你唱歌也让自己知道了你内心的感受”——就既是书中的原话，也是我们觉得有趣的。

因此我们不再采用模仿的方式来对话，改为记下书中引起约翰困惑的那些原话，然后尽我们的最大努力去思考和应对。

做法大概是这样的：首先，我们选择一个约翰的问题作为讨论的主题。我把它记下来。然后，我要想一个答复并记下来。接下来，我会大声地读出最初的问题、我的答复，让约翰也思考一个答复。他一般会想一会儿然后提出一些想法，我随即将之记下来。

约翰看起来比较喜欢这样的做法，我们连续愉快地合作了好几个晚上。一天早上吃过早餐，约翰的妈妈听到他和姐姐在交谈：

约翰：你知道我和爸爸最近在干什么吗？

姐姐：在干什么？

约翰：我们在写对话。

姐姐：关于什么的？

约翰：关于我们不理解的。

我们合作写了好几个对话，下面这两个就是：

约翰：很久以前，在穴居人时代，人是不能说话的，对吗？

爸爸：你是说人类还没有语言吧。

约翰：是的。那么他们是如何记事并思考的呢？

爸爸：一个还不会说话的婴儿是怎么思考的呢？你在学会开口说话之前，又是怎么思考的呢？

约翰：不，婴儿不会思考，因为他们太小了。

爸爸：你不会知道自己学会的第一句话是什么。

约翰：是的，我知道，是“苹果朵”（本来应是“苹果汁”）。

爸爸：是的。那么在你第一次说“苹果朵”之前，你就知道什么是苹果汁了吗？你认为呢？

约翰：你的意思是说，我经过思考知道那就是苹果汁？

爸爸：对啊。

约翰：我不认为我那时就会想东西了。

爸爸：想一个你们学校你不知道名字的同学。

约翰：我学校每个人的名字我都知道。

爸爸：那么想一个周末特长班的。

约翰：好吧。

爸爸：你是怎么想到的？

约翰：什么意思？

爸爸：你并不知道对方的名字，你是怎么想起那个同学来的呢？

约翰：我脑子里有印象啊。

爸爸：那也就是说，婴儿时的你脑子里也有对苹果汁的印象了？

约翰沉思起来。

约翰：就说说刚才我认为自己想起来了的那个同学吧。我当时在心里对自己说："想一个周末特长班的同学。"如果我不知道任何词语，我没办法给自己下指令。

爸爸：你不在心里给自己下指令，你就没有对同学相貌的印象吗？

约翰：你是说这个印象会突然出现吗？

爸爸：对的。

约翰：但是这说明不了什么。没有话语，我不能说出它是什么，也不能告诉自己我正在想某人。

爸爸：我懂，你说的也是事实，非常重要。假设我和一个婴儿玩躲猫猫游戏。我藏在长沙发后面。婴儿看不见我，开始皱眉要哭。我赶紧现身并且喊道“在这儿呢”，婴儿会咯咯咯地笑。接着我又重复刚才的动作。我一藏起来，婴儿就皱眉要哭，我一现身说“在这儿呢”，婴儿就咯咯咯地笑起来。这个婴儿的脑子没有在思考什么吗？

约翰：你真的玩躲猫猫游戏了？

爸爸：对呀，我以前常常那样做。有时候我会问：“爸爸去哪儿了？爸爸去哪儿了？”然后我就突然冒出来，喊着：“在这儿呢！”

约翰：也许婴儿在不会说话之前，是能理解大人所说的一些东西的。

爸爸：你的意思是说，在他可以大声说出来之前，他能在心里对自己说吗？

约翰：是吧……或者大体是这样吧。

这次谈话之后，我决定给约翰读维特根斯坦在《哲学研究》[2]的开头部分所引的奥古斯丁的《忏悔录》。我用约翰听起来相当自然、舒服的表达给他念艰涩难懂的文字。下面就是《哲学研究》中引用的那一段：

> 当听到他们（年长于我者）指称一件东西，看见他们相应靠近某一物体时，我便明白这个东西叫什么了。当他们要指这件东西时，嘴里会发出那种声音。他们的肢体语言也可表达他们的意图，这是所有民族的自然语言，面部表情、眼神、身体其他部分的动作、说话的语调等，都能表达我们的心理状态，或为寻求，或为保有，或为拒绝，或为躲避。这样在不同的场景一再听到这些语言，我便慢慢明白了它们的意义。之后我着意模仿相应的发音口型，开始使用这些语言表达我自己的意愿了。（《忏悔录》卷一第八节）

据此，我和约翰写了下面这一段简短的对话：

> 约翰：他并不知道自己做了什么。他现在推论那是他可能做过的事情。他并不记得了。
>
> 爸爸：难道不是他在说自己想要牛奶或者其他什么东西的时候，他已经知道“牛奶”这个词语了吗？

约翰：他是怎么想到要东西的呢？他肯定是内心用语言在思考啊。

爸爸：当我们的狗亚瑟看我为它准备吃的时，立马摇着尾巴跑过来，你认为它不想吃点什么吗？

约翰：它当然想，但是它有自己的语言。

爸爸：你怎么知道？

约翰：如果它没有自己的一套语言，它就不会摇尾巴。

爸爸：你是说摇尾巴是它的肢体语言？

约翰：不是。它必须用自己的语言告诉自己该摇尾巴。它必须有一门语言来支配。

当约翰想出最后一句答复时，我立刻想到了奥古斯丁《论节制》（*De Continentia*）中的一句话："实际上，我们缄口不言时在做很多事情，如果我们不事先在心里发出指示，我们的身体不会采取任何行动。"[③]（《论节制》卷二第三节）

我在写作这一章的时候，决定读一部分给约翰听，问问他最近是否还在思索这些问题。这些对话是我俩一年半之前合作编写的了，现在约翰已经11岁了，不再是能随意提出哲学问题和作哲学评论的年纪了。

“想得不多。”想了一小会后，他补充道，“但是我现在相信婴儿是能够思考的。”

“哦，”我说，“你是说他们在能和我们交谈之前，可以在内心对自己说话吗？”

约翰回答说：“是的，但是他们事后并不记得是怎么做到的。你也不记得自己婴儿时是什么样的了吧？”

很显然，孩子对哲学的关注还在持续着，只是不再像年龄更小时那样明显、持久了。如果约翰是为了适应周边成人世界对他的期望而转移了对哲学的兴趣，那是我们成人的一种耻辱。但是如果他只是单单将这一兴趣转移至了其他方面，那是顺理成章的。生活应该比哲学更精彩。

① Augustine, *Augustine: Earlier Writings*, trans. J. H. S. Burleigh (Philadelphia: Westminster Press, 1953), p.69.

② Ludwig Wittgenstein, *Philosophical Investigations*, p.2. 可参见维特根斯坦著，韩林合译：《哲学研究》，商务印书馆 2013 年版。

③ 也可参考奥古斯丁《论三位一体》(*De Trinitate*) 9.7.12，15.11.20。

译后记

《哲学与幼童》的作者是美国当代哲学家，麻省理工学院哲学教授，1972 年载入《世界名人录》。他的哲学论著很多，本书是他享有盛誉的名著之一。

《哲学与幼童》提出一个崭新的观点，认为运用哲学是人类与生俱来的能力。作者用大量生动有趣的实例阐明，天真烂漫的幼童对宇宙、人生、周围一切事物所萌发的种种困惑、疑问、匪夷所思的想法，都含有探索真理的意味，符合深奥的哲学原理。书中并对世界著名的瑞士当代儿童智能发展心理学家让·皮亚杰（Jean Piaget）的某些观点提出引人注目的争鸣性意见。作者在本书中倾注了对儿童热诚的爱心与关心，对儿童心理学家、教育家、儿童文学家，都极有参考价值。

《哲学与幼童》一书，是由钱锺书先生推荐给三联书店的，我荣幸地接受了三联书店给我的翻译工作。我不自量力地贸然接受了，在翻译过程中，才发现难度要比我预想的大得多，现在虽然勉力完成了，但限于水平，谬误必然不免，希望读者指正。

令人特别高兴的是，通过在美国麻省理工学院修读博士学位的蓝华同志的联系，马修斯先生特为本书的中文译本写了序言，谨在此表示深切的感谢。

陈国容

附录一　马修斯的儿童哲学研究[1]

美国马萨诸塞州立大学哲学教授加雷斯·马修斯(Gareth B. Matthews，1929—2011) 至少出版了三部儿童哲学方面的专著，一部是《哲学与幼童》，一部是《与儿童对话》，一部是《童年哲学》，在儿童哲学研究和儿童哲学学科建设方面做出了杰出贡献。

一、儿童有其自己的哲学

雅斯贝尔斯云："哲学思想永远只能根源于自由的创造，并且每个人都必须完成他的哲学创造。我们可以从孩子们提出的各类问题中，意外地发现人类在哲学方面所具有的内在禀赋。我们常能从孩子的言谈中，听到触及哲学奥秘的话来……"他举例说："一个孩子以惊异的语气脱口喊道：‘我一直试图把自己想象为另外一个人，但是我仍然是我自己。’这个孩子已经触到确定性（Certainty）的普遍本源之一。他通过关注‘自我’而意识到‘存在’。他被他自己的那个‘我’所具有的神秘性弄迷糊了，而这种神秘性唯有通过‘自我’才能被领悟，于是，他面对这个‘终极实在’而茫然不知所措。”他列举了几个例子后说：“任何愿意收集这些故事的人，完全可能编成一部儿童哲学专著。”②

雅斯贝尔斯的想法看来是正确的。加雷斯·马修斯的《哲学与幼童》和《与儿童对话》这两部著作收录了大量富于哲学意趣的儿童言论。难能可贵的是，他不只是满足于收集这些童言稚语，而且还对这些言论中所可能寓含的儿童发展方面的问题进行了深入探讨。

马修斯与雅斯贝尔斯一样，他们都认为儿童的某些言论具有真正意义上的哲学性质。他们二人都意识到，认为儿童具有哲学思想这一看法肯定会遭到许多人的反对。雅斯贝尔斯试图用下面的文字说服这些持反对意见的人：

> 人们会说，孩子们［富于哲学意趣的言论］一定是从他们的父母或其他人那儿听来的。但是，这种看法显然不能适用于孩子们提出的那些真正具有严肃性

> 的问题。如果有人坚持认为这些孩子们以后不会再进行哲学探讨，因而他们的言论不过是些偶发之词，那么这种强词夺理就忽视了这样的事实：孩子们常具有某些在他们长大成人之后反而失去的天赋。随着年龄的增长，我们好像是进入了一个由习俗、偏见、虚伪以及全盘接受所构成的牢笼，在这里面，我们失去了童年的坦率和公正。儿童对于生活中的自然事物往往做出本能的反应。他能感觉到，看到并追寻那些即将消失在他的视野中的事物，然而，他也会忘记那些曾经显露在他眼前的事物，因而后来当成人把他曾经说过的话，以及他曾经提过的问题告诉他时，他自己也感到诧异。③

与雅斯贝尔斯的这种宣讲方式不同，马修斯则搜集了大量具有哲学性质的儿童言论和逸事，并加以分析。

由于马修斯是一位在大学讲坛上经年讲授哲学史的教授，所以他在研究儿童的思想时，不时旁征博引历史上著名的哲学命题以及哲学巨擘的言论，使之与儿童的观点加以比照。例如，宇宙是什么？它是否有开端？儿童对这些问题感到困惑是很平常的，马修斯便组织十几个三、四年级的小学生对这些问题展开了热烈讨论。他发现有个儿童的观念很像柏拉图对话录《蒂迈欧篇》中“托载体”（receptacle）概念所蕴涵的思想。[④]而马修斯回忆自己五六岁时提出的关于宇宙起源的问题，则有点像圣托马斯·阿奎那的问题。[⑤]马修斯将儿童的思想与著名哲学家的言论作比照，其目的是为了向人们昭示，儿童的观点并非全是浅薄无知的黄口之言，儿童的头脑中甚至常常会思考那些公认的伟大哲学家所困惑的问题。

马修斯对儿童的思想表示赞赏并为儿童思想的深刻而深深感动。例如，当他了解到一位5岁儿童的一件逸事后，便淋漓尽致地表达了他的这种感受。

> 5岁的克莉丝汀正学阅读。她学认音节，并把它们读出来，从而学会认单词。有次她对父亲说：“我们有字母，我真高兴。因为如果没有字母，就不会有声音；如果没有声音，也就不会有单词……如果没有单词，我们就不能思考……如果我们不能思考，也就不会有这个世界。”

马修斯谈到这里，不无动情地说：“我不知诸位对此有何感受，但是这个5岁儿童的推理却使我屏息沉思。作为一位专业哲学家，我花费了许多时间研究哲学史，这时我立即几乎是本能地将克莉丝汀的推理与早期哲学家的思考联系起来。”[6]他首先想到的是前苏格拉底哲学家巴门尼德。巴门尼德曾说过：“思想和存在是同一的。”马修斯把这句话转换为：“只有被想到的事物才能存在。”如果承认克莉丝汀的假设，即没有字母什么都无法思考，没有字母就不会有单词，至此我们就会得出一个有趣的结论：“没有字母，就不会有世界。”

马修斯又把克莉丝汀与18世纪爱尔兰著名哲学家乔治·贝克莱联系起来。乔治·贝克莱说：“存在就是被感知。”克莉丝汀的思想似乎是“存在就是被思考”，或者更确切地说，是“不被感知的是不能存在的”[7]。

正如分析克莉丝汀的言论一样，马修斯还用同样的方式分析了大量儿童的言论。从这些分析中我们可以发现，马修斯首先肯定儿童是具有哲学思想的，他对儿童的思想表现出一种重视和赞赏的严肃态度。

二、儿童的哲学可以是严肃甚至沉重的思考，也可以是轻松愉快的概念游戏

许多哲学家几乎都一致认为，哲学导源于困惑与问题，

马修斯也是如此。他认为儿童的哲学思想也导源于困惑。有时困惑会很快得到解决，然而也有些时候，困惑在一个很长的时间内会萦绕于心、百思不解。

深深的困惑如果长期不能解决，可能会引起儿童的不安甚至焦虑。马修斯警觉到这种可能性。例如，一位6岁的儿童在家中的狗死后不久，自然而然地想到了死亡和个体同一性问题。他在思考，除了书本、玩具、衣服之外，他有两条手臂、两条腿和一个脑袋。这些都称之为“我的”玩具、“我的”手臂、“我的”脑袋等。他想知道：“哪一部分的我，算是真正的我？”[⑧]这时候，安顿儿童的心灵、拂去他焦虑的重任便义不容辞地落在了家长、教师和周围其他成人的身上。成人对儿童困惑的反应里，应当蕴藏着关心和爱护，有时甚至可以将哲学搁置一旁，先集中精力处理儿童的情绪问题。

哲学是由于困惑的激发而产生的。但这并不是说哲学总像上面那个例子那样如此严肃甚至是愁眉苦脸的东西。事实上，哲学常常是游戏，一种概念游戏。例如：

> 厄休拉（3岁4个月）说：“我肚子痛。”母亲说：“你躺下睡着了，痛就会消失的。”厄休拉说：“痛会上哪儿去呢？”[⑨]

我们不知道厄休拉在问“痛会上哪儿去”时是否在眨眼睛做鬼脸。但对一个幼小的孩子来说，存在这样的疑问是很正常的。据马修斯讲，厄休拉是一个快乐、自信、好奇和顽皮的孩子，所以这是一个游戏式的提问。

玩这种哲学游戏，即试图了解一个人随口说出的话究竟是什么意思，可能表示什么意思，或者应该表示什么意思，将是十分有趣的。它可能令人有所启发，但同时又是一种挑战。我们成人却时常回避这种挑战，用恼怒来对待儿童：“哼，你懂我讲的是什么意思吗？”马修斯对这种情况深表遗憾。他埋怨说：“多么吓人，多么不公正，怎么能是这样冷淡而又不耐烦的反应！如果我们能静下来认真老实地思考的话，可能清楚地看到我们自以为有意思的话常常并没有说清任何事情。”⑩马修斯认为，经常拒绝与儿童们玩这种游戏的家长和教师会使自己的理智贫乏，与儿童的关系疏远，并且使儿童独立的智力探索精神受到打击。

三、儿童的哲学是儿童对理解世界的最好方式的理性重构

儿童的哲学与作为成人研究对象的哲学有什么关系呢？

马修斯认为："作为成人研究对象的哲学可被看作对儿童提问的成熟的回应。""在某种方式上，成人哲学是童年哲学的理想化，是成长中的儿童在认知能力或道德能力受到挑战时，对理解世界的最好方式的理性重构。这些挑战不是来自于他人或环境的外部挑战，而是一种内部挑战，即内在地挑战人类理解世界，内在地挑战人类理解我们在这个世界上所发挥作用的企图。"[11]正因为如此，儿童从很小的年龄开始，就会提出问题，发表评论，甚至做出专业的成人哲学家认为具有哲学性质的推理。马修斯在《哲学与幼童》一书中大量收集的儿童言论便充分证明了这种观点。

马修斯声言，假定他的这种看法是正确的，或部分正确，那么他可以得出以下几点推论[12]：

第一，儿童发展领域的研究人员读点哲学将会有所受益。从哲学学习中，他们将学会更好地理解和欣赏儿童的认知能力和道德能力所面对的发展威胁。

第二，成人（包括教师、父母或儿童研究人员）看待儿童期的认知和道德问题时应当渐渐丢掉自己的优越感。须知，儿童的提问甚至会难倒最有智慧的成人哲学家。

第三，我们可以期望一些儿童文学作品来表达成人哲学在道德和理智才能方面难以解决的那些问题；敏感的、富于想象力的儿童文学能在挖掘儿童的哲学潜能方面做出可贵的贡献。

第四，许多父母和教师已经知道，他们在努力教育、护养和关心儿童方面用力不均。甚至最有头脑的父母和教师（也许特别是这一部分人），都很少意识到成人与幼童之间可能进行启迪心智、富有成果的对话。在真正的哲学讨论中，儿童可以成为出色的发言人。儿童可能没有成人那样丰富的信息和老到的语言能力，但是他们的想象、他们的困惑和发现意识，他们对不和谐、不恰当的敏感，他们对认识事物的急切热望，都特别有利于哲学思考。

马修斯的这几点推论实际上也是他对教师、父母、儿童研究工作者、儿童文学作家等一切成人的建议。这些建议对于成人深入认识儿童的哲学、树立新的儿童观、形成新的教养态度、正确调整教育过程中成人与儿童的关系等等都具有重要的价值。

四、发展心理学家为什么不去关心儿童的哲学

马修斯认为，迄今发展心理学家都没有讨论过儿童的哲学言论。这也许是因为他们认为幼童的哲学言论和提问

是不正常的，有点儿荒诞，他们主要关心的是一般的正常的问题。

正如上面所述，马修斯认为儿童的一些言论和提问是具有哲学意味的。那么，如何看待儿童的哲学思维能力？为什么发展心理学家绝少提及这种能力？马修斯认为，完整的答案可能是非常复杂的，或许是非常深奥的。他认为任何真正完整的答案都必须包括以下三点意见[13]：

第一，发展心理学家更可能关心那些社会普遍欣赏的能力的发展，而忽略为社会忽视的能力的发展。在当下这个社会里，哲学思维能力以及开放地讨论一些基本问题的能力遭到普遍的忽视。大多数成人很少考虑甚至根本不考虑哲学问题，他们也不关心哲学是否进入了实践或者是否变成了现实。由于这样一些原因，对于儿童是否形成了哲学思维能力，是怎样形成这种能力的，儿童是否探索哲学问题，是如何探索哲学问题的诸问题，发展心理学家极少谈及，也就不足为奇了。

第二，发展心理学家是以生理模型构想发展心理学的，他们把成熟的样本作为未成熟个体发展的标准。于是发展心理学家试图确定个体要经过哪些阶段才能达到某种成熟的技巧、技能，或者哪些影响因素加速或延缓了成熟。成熟地解答数学题或常识题的标准是什么？成熟的或熟练的听说读写能力是什么？对此，或许专家们确实有一种完善的认识。但是，成熟地进行哲学思考和讨论的合理标准是什么，有没有这种标准，却无人思考。进行哲学对话的能力也缺少判定标准，按常规构想与应用的发展心理学将不会考虑这种问题。

第三，众所周知，认知发展心理学领域中最著名的人物是让·皮亚杰。皮亚杰从小生活在瑞士和法国的文化氛围中，他所理解的哲学主要受瑞士和法国文化（更有体系，更恢弘）的影响，而英语世界的传统主流（常有令人印象深刻的幽默和奇思妙想）对他的影响则处于次要地位。与英美哲学相比，大陆哲学更自负，也更系统化。相比之下，在英语世界占上风的分析哲学便没有那种自负，而是富于游戏性，兼具异想天开的特征。这种风格与儿童擅长的那种沉思特别相像，而与皮亚杰所采用的那种哲学模本的恢宏风格有所差异。因此，我们就不用惊讶于皮亚杰把青春期，即所谓“形式操作期”阶段，看成哲学思维出现的时期。他认为在这一时期，儿童具有充分的认知深度和知识广度来进行哲学思维。皮亚杰对于幼童的哲学能力几乎没有表现出多少敏感和赞赏，甚至毫无耐心。幼童的哲学能力时常会在皮亚杰所主持的调查中一闪而过，而这些能力却会使英美哲学家激动不已。

马修斯对皮亚杰的批评可能过猛。尽管皮亚杰对儿童的哲学没有过多关注，但他毕竟承认儿童具有哲学。例如，皮亚杰早年曾写过论文《儿童的哲学》(*Children's Philosophies*)[14]。在这篇论文中，皮亚杰写道："我们意识到从历史角度来看，[幼童给出的]这些解释是多么有趣；这些观点让人不由想起阿那克西曼德(Anaximandre)、阿那克西米尼(Anaximène)和其他前苏格拉底哲学家……人们会发现，这种辨认的法则是多么容易地让人想到属于前苏格拉底学派的浓缩与稀释的法则。"[15]马修斯的著作《童年哲学》第三章的第一个注释，就引述了皮亚杰《儿童的哲学》中的这段话。

我们不好苛求皮亚杰应当成为儿童哲学研究的专家。不过，马修斯评论说，儿童心理学界普遍忽视了儿童哲学研究，则是中肯的，并未言过其实。

发展心理学家是否谈及了幼童真正参与哲学对话的能力及其出现的问题？显然没有。提出这一问题很重要吗？马修斯认为从某种角度来看是重要的，从另一角度来看则不重要。哲学思维和哲学讨论中的成熟标准是由什么组成的？假定我们不能达成共识，那么这种能力也许就不是发展心理学家应当关心的事情。发展心理学家有更好的事情去思考，有更适于他们学科目的的事情去思考。

但是他们也不能忽视问题的另一面。儿童实际上是怎样的，应当成为什么样子，教师和家长指望从发展心理学家那里找到专家的权威观点。如果发展心理学家没有在自己的领域中为儿童参与哲学对话的能力留一席之地——也许是因为发展心理学家的方法论中就不存在这种能力——那么许多教师和家长就不会与孩子展开哲学讨论。于是成人与儿童都无法与这种奇妙的哲学讨论结缘（在这种讨论中，成人无法控制结论，年龄和经验也不能保证他们在讨论中处于优势）。而且，无论儿童还是成人都无法享受这种特殊的激动，这种激动来自于双方共同的困惑中突然而至的灵感以及困惑消失后的豁然开朗。

马修斯的这三条意见既蕴涵着他对发展心理学家不关心儿童哲学这种现状的不满，又表现了他对儿童哲学研究的学科归属问题的关切。按照马修斯所说，发展心理学家所接受的训练决定了他们只适宜于从事有成熟标准作参照体系的那类研究。而哲学的成熟标准是什么？正如马修斯所云，这确实是一个难题。哲学固然是变动的、发展的，但是如果迷信今后就一定有人会超过柏拉图的哲学境界，则可能是不恰当的。正如唐诗宋词可能是诗词的顶峰绝唱一样，柏拉图的哲学可能也是难以超越的。所以哲学很难说有一个固定的成熟标准。如果这种意见是正确的，那么发展心理学家便真的不擅长儿童哲学方面的研究了。诚如是，儿童哲学方面的研究自戕锣鼓独开张也便顺理成章了，也许它可以作为一个相对独立的学科而存在。

不管怎样，儿童哲学是儿童精神哲学应当研究的重要课题之一。

五、结束语：对马修斯的短评

马修斯以严肃的态度对待儿童的言论和思想，承认儿童的某些言论具有真正的哲学意味，呼吁学术界重视对儿童哲学的研究，呼吁成人社会关心儿童的哲学生活。马修斯对儿童的哲学方面的研究为揭示儿童哲学发展的特点和规律作了必要的准备工作，为我们进行儿童哲学研究提供了一个很好的开端。

（本文作者刘晓东，南京师范大学教育科学学院
教授、道德教育研究所研究员）

① 该文首次以《美国哲学家加雷斯·皮·马修斯的儿童哲学研究》为题发表于《外国教育研究》1995 年第 5 期，此次收入本书，对个别地方做了修订。本文主要参阅了马修斯的专著

《哲学与幼童》《与儿童对话》和他的论文《哲学乃是童年的理性重建》。为什么没有提及马修斯的《童年哲学》这部书呢？《童年哲学》英文版是 1994 年出版精装本（1996 年出版简装本），写作该文时，该书还在编辑手上或印刷厂里也未可知。现马修斯的这三本儿童哲学作品均已由生活·读书·新知三联书店翻译出版。这次修订没有增补马修斯的《童年哲学》的内容，其原因有二：一是尽量保留拙文发表时的原貌，二是我会另文专谈马修斯的《童年哲学》。拙文参阅的《与儿童对话》以及论文《哲学乃是童年的理性重建》是马修斯教授本人于 20 世纪 90 年代初向笔者邮送的。谨以此文纪念马修斯教授逝世四周年。

② 雅斯贝尔斯著，柯锦华等译：《智慧之路》，北京：中国国际广播出版社 1988 年版，第 2—3 页。

③ 同上书，第 3—4 页。

④ Gareth B. Matthews, "Philosophy as a Rational Reconstruction of Childhood," *Journal of the Canadian Association for Young Children*, Fall/Automne, 1988，p.57. 此文《哲学乃是童年的理性重建》已由笔者翻译，收录于马修斯《童年哲学》（生活·读书·新知三联书店 2015 年版）一书。

⑤ Ibid，p.57.

⑥ Ibid，p.57.

⑦ Ibid，p.59.

⑧ 加雷斯·马修斯著，陈国容译：《哲学与幼童》，北京：生活·读书·新知三联书店 1989 年版，第 103 页。其修订版即将推出。

⑨ 同上书，第 20 页。

⑩ 同上书，第 25 页。

⑪ Gareth B. Matthews, "Philosophy as a Rational Reconstruction of Childhood," p.5.

⑫ Ibid，pp.63–69.

⑬ Gareth B. Matthews, *Dialogues with Children*, pp.113–119.

⑭ "Children's Philosophies," in *A Handbook of Child Psychology*, 2nd ed., ed. Carl Murchison (Worcester, Mass.: Clark University Press, 1933), pp. 534–547.

⑮ "Children's Philosophies,"p. 544.

附录二　儿童读物书目

本书中介绍的经典儿童读物如下：

A. A. 米尔恩：《小熊维尼》（A. A. Milne, *Winnie-the-Pooh*）

艾诺·洛贝尔："青蛙和蟾蜍"系列故事，共四册，分别为《青蛙和蟾蜍——好朋友》《青蛙和蟾蜍——好伙伴》《青蛙和蟾蜍——快乐时光》《青蛙和蟾蜍——快乐年年》（Arnold Lobel, *Frog and Toad Are Friends*; *Frog and Toad Together*; *Days With Frog and Toad*; *Frog and Toad All Year*）

伯纳德·韦斯曼：《麋鹿莫里斯》（B. Wiseman, *Morris the Moose*）

弗兰克·塔什林：《森林大熊》（Frank Tashlin, *The Bear That Wasn't*）

莱曼·弗兰克·鲍姆：《奥兹玛公主》（L. Frank Baum, *Ozma of Oz*）

莱曼·弗兰克·鲍姆:《绿野仙踪》(L. Frank Baum, *The Wonderful Wizard of OZ*)

刘易斯·卡罗尔:《爱丽丝漫游奇境》(Lewis Carroll, *Adventures in Wonderland*)

刘易斯·卡罗尔:《爱丽丝镜中奇遇记》(Lewis Carroll, *Through the Looking-Glass*)

罗尔夫·麦勒:《一只脚是多长?》(Rolf Myller, *How Big Is a Foot?*)

约克·史坦纳:《森林大熊》(Jörg Steiner, *The Bear Who Wanted to Be a Bear*)

詹姆士·瑟伯:《公主的月亮》(James Thurber, *Many Moons*)

C. S. 刘易斯:"纳尼亚传奇"系列故事,共七册,分别是《魔法师的外甥》《狮子、女巫和魔衣柜》《能言马与男孩》《凯斯宾王子》《黎明踏浪号》《银椅》《最后一战》(C. S. Lewis, *The Magician's Nephew*; *The Lion, the Witch and the Wardrobe*; *The Horse and His Boy*; *Prince Caspian*; *The Voyage of the Dawn Treader*; *The Silver Chair*; *The Last Battle*)